人生、真面目に生きるほどヒマじゃない

自由であり続けるための42の言葉

大塚慎吾
Shingo Otsuka

きずな出版

Prologue

僕たちは、もっと楽しく自由に生きられる

「人生、真面目に生きるほどヒマじゃない」

これは僕の座右の銘であり、大好きな言葉です。
ただし、この言葉は「真面目に生きることがいけない」という意味でも、「テキトーに生きよう」という意味でもありません。

「こうでなければならない」という型からはみ出てみて、僕たちを縛り付ける常識を反転させたり、「普通」という概念から離れてみましょう。そうすることで、人生は大きく違

って感じられるものです――という意味の言葉です。

多くの人に、この言葉を広めたい。そして、「もっと楽しく、自由に生きていいんだ」「こんな考え方、あったんだ」「人生とは、こんなにも素晴らしいんだ」ということを、心から伝えたい。そう思って、このたび筆を執らせていただきました。

いまの時代は、「成功／失敗」「勝ち／負け」「損／得」などの二元論の傾向が強く、世界を断片的で狭く感じさせてしまっている気がします。

しかし、本当の僕たちの人生は、もっと広く深く、素敵で楽しく、愉快でシャレのきいた遊園地のような場所のはず。人生において楽しいことも、悲しいことも、笑えることも、つらいことも、希望を感じることも、絶望感にどっぷり浸かることも、すべて含めて「人生はシャレ」みたいなものなのです。

そして、人生がシャレだとすれば、誰もがまさに「真面目に生きるほどヒマじゃない」という感覚で生きることができます。

本書は、いまよりも素敵で楽しい人生を送りたいというすべての方に、

「新しい感覚を得た」

「明るい気持ちになった」

「素敵な希望を持てた」

と思っていただけるような考え方や指針を、メッセージのようにまとめたものです。

2歳半で母親と弟を亡くし、7人のじいちゃん・ばあちゃんができた

「人生、真面目に生きるほどヒマじゃない」と考えるようになったのは、僕自身が経験してきたことが背景にあります。

広島県三原市で生まれた僕は、2歳半のときに産みの母親を亡くしました。さらにその2日前には、弟も他界するという悲劇を経験します。

父親や母方の家族の深い悲しみは、それはもう表現できないほどだったと聞いています。

結果的に、当時2歳半だった僕も、産みの母親との記憶も思い出もまったくない状態で

育ちました。

しかし、その悲劇が起きたことで、僕には7人のじいちゃん・ばあちゃんができました。

3歳半から育ててくれた最高の育ての母親にも出会えましたし、可愛い妹もできました。

産みの母親と弟の死という大きな「悲劇」によって、7人もじいちゃん・ばあちゃんがいるという「喜劇」のような物語の人生を送ることができているのです。

この経験から「人生、真面目に生きるほどヒマじゃない」と思うようになりました。

じいちゃん・ばあちゃんたちのおかげで、小さいころから、まわりにいるたくさんの大人の人柄や感情に触れ、さまざまな人生の側面を経験しました。

とりわけ、ばあちゃんたちは「**人には優しゅうせえよ**」「**素直で愛嬌が大事じゃけえの**」「**人に会《お》うたら笑顔で頭下げえよ**」などと教えてくれましたし、あふれるほどの愛情で可愛がってくれました。ばあちゃんたちの動きを観察するだけでも、大きな学びになりました。

その後も、

・大学1年生時に8単位しか取れず、卒業が危うくなる
・新卒で入社した会社を1年半で辞め、独立するも、大失敗
・数百万円の借金を抱え、家族親戚にバレて、広島の実家に連れ戻される

など、僕はさまざまな経験をしては、デコボコな人生を生きてきました。

でも、ばあちゃんたちが教えてくれたことを明確に意識して、大切にすべきことを大切にして、自己責任の枠を広げて、自分で問題を解決する意識を強めて生きてきたことで、いろいろなものを乗り越えてきました。

その際に大事にしてきた考え方、発想法、生き方の指針、まさにそれらをまとめたのが本書なのです。

新しい時代の人生の指針

いままでは、「真の健康100万人プロジェクト®」のリーダーとして活動しながら、講演家として全国でたくさんの方々にお話をさせていただいています。

さらに、世界でもビジネスを展開していることで、世界中から7000名が集まったグローバルイベントにおいて、「日本人初」として表彰もされました。

デコボコな人生を乗り越えて、いまではうまくいくようになった僕の人生ですが、当然これからもいろいろと起きるでしょう。それは楽しいことも悲しいことも——。

そして、あなたの人生も、いままでいろいろなことがあったでしょうし、これからも嬉しいことや、つらいことがあるかもしれません。

人生とは「喜劇」と「悲劇」を体験させてくれるものです。
はかなく、せつなく、むなしく、おぼろげで、哀れであるものなのです。
だからこそ人生は、明るく、美しく、おもしろく、楽しい場所なのです。

本書では、僕たちが本来持っている温もりや思いやりなどを、さまざまな視点や側面から、エピソードもたくさん交えて書いています。メッセージを真面目に語るだけではなく、おもしろおかしく気づいてもらえればというのが、僕の一番の目的です。

ちょっと笑える知恵や哲学として、ひとつでもあなたの人生に明かりが灯り、素敵な笑顔が広がれば、心から嬉しく思います。そして、多くの人に読んでいただいて、スキルやテクニックだけではない、「人生の指針」になれば幸いです。

僕たちは、もっと自由に生きることができます。
僕たちは、もっと人生を楽しんだっていいのです。
僕たちは、もっといろいろな選択をしてもいいのです。

明るく、楽しく、ほがらかに、素直に、謙虚に、優しく、温かく、「人生、真面目に生きるほどヒマじゃない」を合言葉に、自由な人生を笑顔で送っていきましょう。

それでは、お楽しみください。

Contents

Chapter 1

自由であり続けるために、常識を疑ってみてもいいんじゃない？

Chapter 2

みんなが幸せになるコミュニケーションの真理

Chapter 3

迷って、悩んで、くじけそうなときは

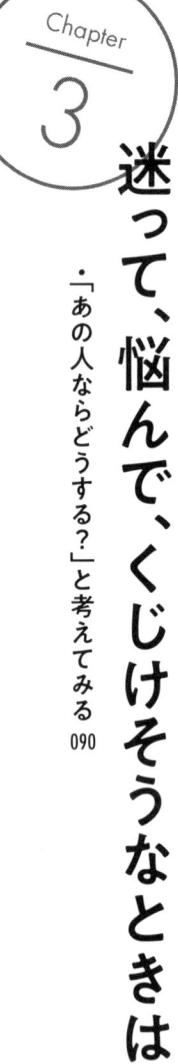

Contents

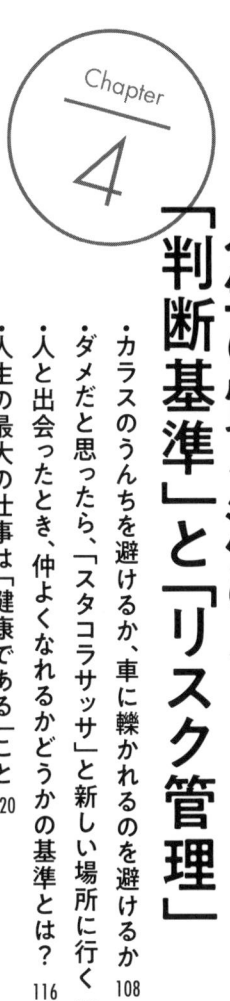

Chapter 4

人生の質を決める「判断基準」と「リスク管理」

Chapter 5

自分の可能性にフタをしない

Chapter 6

感謝と笑顔が僕たちを豊かにする

Contents

Chapter 7

あなたというストーリーを、全力で遊ぼう

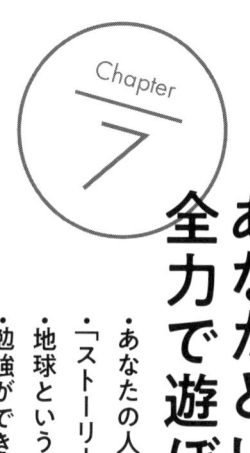

Chapter 1

自由であり続けるために、常識を疑ってみてもいいんじゃない？

「何でも持ち込み可」のテスト、あなたなら何を持ち込みますか？

僕は、大学の卒業単位がギリギリでした。

そもそも1年生のときには8単位しか取れずに、「エイトマン」というあだ名を付けられ、2年、3年のときはカンニングを駆使して(もう時効ですよね、ごめんなさい)、なんとか4年でギリギリ卒業できるかどうか……という瀬戸際でした。

そして、4年生の最後のテスト期間中に、苦手な教科のテストを迎えようとしていました。その教科を落としてしまうと卒業が危うい……という状況でしたが、テストの条件のなかに、柔軟性を問われる一文を見つけたのです。

その一文とは、

【何でも持ち込み可】

というものでした。

僕がリサーチをしたところ、友人の多くは「教科書を持ち込む」とか、「自分で書いたノートを持ち込む」などと話していました。

ただ、おそらく僕がそれをしたとしても、単位は取れないだろうということは、自分なりに予想がつきました。

僕は考えました。どうすれば、何を持ち込めば、単位を取ることができるのか。

考えながら、昼食にしようと学食に行くと、そこに同じクラスの高橋くんがいました。

高橋くんは、すごく勉強ができるというわけではないのですが、クラスのなかでも割と真面目なほうです。

僕は、その瞬間にひらめいたのです！

高橋くんのところに行って、

「おい！　高橋、高橋！　腹減ってないか？」

と聞くと、高橋くんもまだ昼食をとっていなかったらしく、

「お腹空いているよ」

と答えてくれました。

「よし！　じゃあ、今日は俺がおごってやるよ！　焼肉定食おごってやる！」

「……なんでおごってくれるの？」

あきらかに訝《いぶか》しがる高橋くん。

「まあ、いいから！」

笑顔で何も理由を答えない僕に対して、何か裏があるとは思いつつも、焼肉定食の食欲をそそる匂いに勝てず、ご飯も大盛りにして、高橋くんは美味しそうにペロリと平らげました。

高橋くんが焼肉定食をすべて口に運んで、完全に食べ終えて口を閉じたのを確認したら、次は僕が口を開く番です。僕は高橋くんに言いました。

「高橋、じつは俺、単位がギリギリなんよ」

「……うん、知ってるよ」

「このテストは、なんとか受からんといけんのんよ」

高橋くんは、何かちょっとした嫌な空気を感じ始めたらしく、「じゃあ、がんばって」

と、数ミリ後退しようとしました。

すかさず、僕は高橋くんに言いました。

「そのテストの条件に【何でも持ち込み可】という一文があるんよ」

その段階で、いよいよもって高橋くんはちょっと苦い顔をし始めました。

焦る高橋くん。僕はもう一度言いました。

「【何でも持ち込み可】なんよ、そのテストが」

そして、ついに僕は高橋くんを正面に、こう切り出しました。


「俺は、高橋を持ち込む！」


そうです、僕はテストに高橋くんを持ち込もうとしたのです。

もちろん、高橋くんは「嫌だ、嫌だ」と言いましたけど、僕はひと言聞きました。


「焼肉定食、美味しかった？」

「なんだよ〜！　そういうことかよ〜！」


焼肉定食は、すべて高橋くんのお腹のなかです。

彼は断る気力がなくなり、観念しました。

僕は高橋くんを無事に持ち込み、解答はすべて高橋くんに書いてもらって、僕の学籍番号と名前もしっかりと書いてもらいました。

そして、無事に僕は4年で大学を卒業することができたのです。


柔軟性を持った発想が生み出してくれた、僕の人生のなかでも楽しい経験のひとつです。

いま、その手法が通用するかはわかりませんが（たぶん無理ですよね）、あなたもぜひ、柔軟性のある発想や思考を持って、人生を楽しんでいきましょう。

POINT 1
発想は極端なくらい柔軟にして、人生に彩りを

オシッコの
しかただって、
自由で
いいはずだ

いまからオシッコの話をしますので、みかんジュースを飲みながら読んでいる場合は、お気をつけください。

僕たちは思い込みの世界で生きています。

言い換えれば、昨日まで見てきたり、感じてきたりした世界が、今日も当たり前に存在しているように思えてしまうのも、じつは思い込みのおかげです。

しかし、ときに新しい出来事がそこに大きな変化をもたらしてくれることもあります。

これを「パラダイムシフト」と言います。

パラダイムシフトとは簡単に説明すると、一度もしたことのない体験をすることなどで、それまでの考え方や価値観が劇的に変わることです。

それを、僕は「ばあちゃんのオシッコ」で経験しました。

僕はずっと、じいちゃん・ばあちゃん子で、長期休みになると、ずっとばあちゃんの家に泊まっていました。

いつも寝るときは、ばあちゃんの横という特等席で寝ていました。

夏は蚊帳《かや》があって、きれいに洗った一升瓶に水を入れたものが枕元に置いてあり、それで水分補給をするのが決まりでした。

すると、生理現象で、ばあちゃんはときどき夜中に起きて便所に行きます。

ばあちゃんがオシッコに行くときに、子どもの僕もたまに目を覚ますのですが、寝床のある2階の便所には大便用の便器はなく、男性用の丸い「小便器」があるだけです。

つまり、女性がオシッコをする手段は、2階にはないはず。

なのに、ばあちゃんはトイレに行って帰ってくるときにも、いつも1階に降りる様子がありません。

ずっと、「あれ？　不思議だな」と思っていました。

そして、あるとき、ばあちゃんはまた夜中に起きて、こそこそとオシッコに行きました。

僕はそのときに、

「ばあちゃんが、どうやってオシッコをしてるのか、見てみよう！」

と思い、ばあちゃんについていって、コソッと見ました。
僕はそこで、衝撃を受けました。
まさに、パラダイムシフトが起きる瞬間です。

なんと、ばあちゃんは丸い男性用の小便器にお尻を向けて、そーっとオシッコをしていたんです!

僕はコソッと見ていたのですが、新しい世界に本当にビックリしました。
そして、気づかれないように寝床に戻り、寝たふりをしていました。

ばあちゃんは僕に見られたことも知らず、オシッコをしたあとに戻ってきました。僕はそのときに目を覚ました様子を見せました。
すると、「みかん、食うか?」と言って、手も洗っていない、オシッコから帰ったばかりの状態でみかんをむいて、僕に食べさせてくれました。

パラダイムシフトとばあちゃんのオシッコ

あなたの常識は、あの人にとっての
非常識かもしれない!?

あの甘酸っぱい、そしてちょっと塩気があるようなみかんの味は、僕にとっての最高の思い出です。ばあちゃんが身をもって示してくれた、僕にとって、もっとも大きなパラダイムシフトのひとつです。

ここで言いたいのは、決してオシッコのしかたがどうのという話ではありません。

僕たちは日々、思い込みに縛られ生きていますが、その思い込みはたったひとつの経験によって一瞬で変わってしまうことがある、ということです。

思い込みに、いいも悪いもありません。

そして、いつどこで思い込みが変わる出来事や事件があるかも、わかりません。

さまざまな思い込みを新しく変化させる「パラダイムシフト」を楽しんでいきましょう。

POINT 2

出来事を素直に受け入れて、パラダイムシフトを楽しもう

「せっかく〇〇したんだから……」は、すぐにやめる

生きていくうえで、**「せっかく○○したんだから……」**という表現をよく耳にします。

とくに多いのが、子どものころ、親からおもちゃを買ってもらったときです。

子どもは、最初は楽しくて遊んでいても、すぐに飽きて遊ばなくなります。

そのときに**「せっかく買ってあげたのに」**と言われたこと、ありませんか?

または、あなたが言ってしまっているということはありませんか?

これは子どもにとっては酷な話です。

買ってもらうときには、欲しくて欲しくてどうしても我慢できないわけで、そのとき**「欲しい」**というのはまぎれもなく素直な感情です。でも、買って遊んだあとは関心がなくなっていくのが当たり前のことだからです。

当たり前のことなのに、「せっかく買ったんだから、大事にしなさい」と言われる。

もう関心はなくなっているのに、親からそう言われたから、「大事にしているように見せないといけない」と思う。するとと、感情のズレが出てきます。

それはそうですよね。赤ちゃんのときに買ってもらったおもちゃに対して、20歳になったときにも関心を持っていなさいというのは、本人の興味関心を成長させないようにしているのと同じです。

そうやって小さいころから生きていくと、僕たちは「せっかく〇〇したんだから、なんとかしなきゃ」と思って、常にもとに戻るクセがつき、進歩がなくなってしまうことがあるのです。

ですから、「せっかく〇〇したんだから、△△しなさい」と言うのをやめる。

人に言うのをやめるのはもちろん、とくに自分に言うのもやめましょう。

「せっかく〇〇したんだから、△△だもんな」とか、「せっかく買ったんだから、大事にしないとな」に縛られると、新しい興味や関心を持つごとに、荷物が増えていく感覚になってしまいます。

もちろん、物を大事にしないということではなく〝変わっていく関心に正直でいる〟ということこそが健全なのです。

僕が、子どもと誕生日プレゼントを買いに行ったとき、

「『せっかく買ってもらったんじゃやけえ、大事にせんといけん』って思わんでええけえね。

いま、ほんまに欲しいと思うもんを買ったらええよ」
と言うと、子どもはとてもスッキリした表情でした。

子どもに対しても大人に対しても、そして一番は自分に対しても、「せっかく○○したんだから、△△しなきゃ」とか「せっかく買ったんだから、大事にしなきゃ」と思い過ぎないようにすると、素直に物を大事にできたり、新しい興味や関心に自然と目がいったりします。

あなたも「せっかく○○だから……」を一度捨てて、新しい興味や関心に正直に生きていきましょう。

POINT 3

自分が感じる新しい興味や関心に、正直になる

行き先や目標を決めることばかりが、正解じゃない

冒頭でも言いましたが、僕には、じいちゃん・ばあちゃんが7人いました。じいちゃんは3人いたのですが、一番近所に住んでいた、僕の大好きな可愛いじいちゃんの話です。

ちなみに、そのじいちゃんは、戦前に仕事で大阪に出るために親からもらったお金を握りしめて、広島の三原駅に着いたところまではよかったのですが、我慢できずに電車代でお酒を飲んでしまい、その後の一生を三原で過ごした……という逸話を持っています。

僕が中学生くらいのときに、じいちゃんの誕生日にジャージのズボンを買ったことがありました。じいちゃんはすごく小柄だったのですが、僕はサイズ感がわからずにMサイズを買いました。でも、じいちゃんのサイズはSでも大きいくらいでした。

それでも「慎吾が買《こ》うてくれたけえ」と嬉しそうに、すそを折って毎日穿いてくれました。そんな優しいじいちゃんでした。

じいちゃんは80歳を過ぎて他界したので、長生きしたほうだと思います。

仕事でも出世せず、町内会で役員をしたりもしていないのですが、葬儀では親戚も近所の方も、みなさんが悲しみで涙していました。

最高に愛嬌のある人でした。可愛げのかたまりのようなじいちゃんでした。


あるとき、玄関先にじいちゃん、僕、ばあちゃんの順で3人横に並んで空を見上げていたら、広島空港から飛び立った飛行機が目に入りました。

じいちゃんは生まれて一度も飛行機に乗ったことがなかったので、飛行機を見上げながら言いました。

「わしゃ、いっぺんでええけえ、飛行機に乗ってみたいの～」

僕は右隣にいるじいちゃんに、当然のように聞きました。

「じいちゃん、飛行機に乗ってどこに行きたいん?」

すると、不思議そうに、かつ道理を知らない子どもをさとすかのように、

「慎吾、どこに行くいうて、飛行機に乗ったら広島空港からビ

ユーッと出て、また広島空港に戻るんじゃろうが！」

と、100%当然のように答えたのです！　僕はすぐに言いました。

「じいちゃん、そんなことはない。行き先を決めんと、どこにも行けるわけないじゃん！ねえ、ばあちゃん？」

僕は左隣にいるばあちゃんに同意を求めると、これまた、ばあちゃんも思いきり訝しげに僕を見ながら、

「いや〜！　そがあなことはなかろう。ありゃ広島空港からビューッと飛んで、また広島空港に戻ってくるんじゃろうが！」

完全に、じいちゃんもばあちゃんも、本気で信じ込んでいます。

ここでは、「行き先を決めなければ、どこにも運んでくれない」という、いかにも自己啓発書のようなことを言いたいわけではありません。

たしかに、実際には空港に行って行き先が決まっていなければ、飛行機に乗ることはできません。広島空港から飛行機が飛び立てば、天候などに問題がなければ、広島空港以外の空港に着陸します。

でも、それはもしかしたら僕の完全なる思い込みで、じいちゃんとばあちゃんの思い込みどおりに、広島空港を飛び立って、グルッと快適な空の旅を楽しんで、そのまま飛行機が広島空港に戻ってきてもいいじゃないか、と思えたのです。

僕たちは常に、「行き先」「目標」を明確にしなければと思い込んでいます。

でも80歳を過ぎるまで、じいちゃんもばあちゃんも、空を見上げるたびに「あの広島空港を飛び立った飛行機が、グル〜ッと広島空港に戻ってくる」と信じ込んで疑わずに、「あれに乗りたいの〜」と純粋に思っていたとしたら、2人にとってそれは真実です。

逆に「行き先を決めていないと飛行機に乗れない」と決めている僕の思い込みのほうが、

おもしろくないと思えたのです。

結果的に、そのあとに僕がしっかり説明をすると「え!?　そうなんか～！　知らんかった～！」と、2人とも大笑いをしていました。
じいちゃんとばあちゃんの思い込みが、僕の思い込みを変えてくれたのでした。
いまごろ天国では、じいちゃんとばあちゃんが広島上空を周遊する飛行機に乗っているかもしれません。

POINT 4

「行き先」や「目標」だけに縛られず、自由な発想を楽しもう

「家に帰ってまで勉強するなよ」のひと言が、成績を上げた理由

東京は八王子の大学に通った僕は、自分が住んでいた八王子の家の近くで、中学生の塾講師のアルバイトをしていました。

得意だった英語と国語はきちんと解説をしながら授業をしましたが、苦手だった数学・理科・社会は、解説なしでテストの解答を発表するだけ、というダメ先生でした（当時の生徒のみなさん、ごめんなさい）。

とはいえ、学校のテストや模擬試験の点数を上げるのが僕の仕事。

結果はどうだったかというと、しっかりと点数を上げました。**そして、点数を上げるためにちょっとした仕掛けというか、スパイスをふりかけました。**

都会の中学生は高校受験に重きをおいていますので、学校でも勉強して、ほぼ毎日のように塾にも通っています。そして、塾が終わったあとも、「**家に帰っても勉強しないといけない**」というふうに思っている子が多いのです。

学校で1日ずっと勉強して、塾に来て勉強して、終わるのが夜の10時過ぎ。

そんななか、僕がスパイスをふりかける意味で言ったセリフは、間違いなく生徒をキョトンとさせました。

「おまえら、学校で勉強しとるんじゃろ。塾でも勉強しとるじゃろ」

生徒たちは「当たり前じゃん」という様子で聞いています。

「学校でも塾でも勉強したんだったら、家に帰ってまで勉強するなよ」

心から本気で言いました。

「家に帰ってまで勉強するなよ」と塾の先生から言われた中学生は、不意をつかれたような表情を浮かべています。

遅い時間から家でも勉強するのがかわいそうだと思ったのは事実ですし、あえて「家で勉強するな」と言うことで、気持ちをあおって、家で勉強させようという意図もまったくなく、本心から言ったのです。

でも、結果的にその瞬間こそが、新しい選択肢が生まれた瞬間でした。

家に帰っても絶対勉強しなきゃいけないと思い込んでいる中学生は、「家に帰って勉強しなくてもいいの?」と思ったはずです。

そのときに、生徒たちには主体的な判断に基づいた選択肢が芽生えるのです。

結果どうなったか。

そう、成績が伸びたんです。ほぼもれなく、全員の成績が伸びました。

いままでは「家に帰っても勉強しなきゃいけない」という選択肢しかありませんでした。その状態で家に帰って勉強をしなかったとしたら、「先生や親にもメンツが立たない」「自分が情けない」という落ち着きどころしかなくなります。

しかし、そこに「家に帰ってまで勉強しなくていい」という〝公平〟で〝新しい〟選択肢が加わり、主体的に判断できるものが増えたことで、家で勉強しようがしまいが自分の選択であり、自己卑下や劣等感を感じずに済むようになったのかもしれません。

その瞬間に、「自分にとって、どうすることがいいだろうか」と考えられる選択肢を得

て、おそらく中学生は追い込まれた感覚なしに、主体的に判断したんだと思います。

実際に家で勉強したかどうかは生徒に聞いていませんし、確認していないのでわかりません。ただ、「家に帰ってまで勉強するなよ」という言葉を聞いたときの、子どもたちの、新しい自由を提示されたような驚きを含む嬉しげな表情は、それが予想外の瞬間だったことを表していました。

「しなきゃいけない」と「自分の判断でする」の間には、大きな違いが生まれたのです。

これは、タバコやお酒に当てはめても、同じことが言えるでしょう。

絶対に、是が非でもタバコをやめなきゃいけないと思えば思うほど、ギューッと狭いところに閉じ込められるような感覚になります。

やめたい意思がある状態で、「吸ってもいい」し「吸わなくてもいい」という選択肢があると、いまこの瞬間において自分にとって有益な選択肢はどちらか？　という判断もできます。

僕たちは自分に対しても、人に対しても、新しい選択肢というスペースを与えることで、主体的な判断をあおぐことができます。そして、人の可能性はより広がっていくのです。

ちなみに塾長から、

「大塚先生、最近、君が見ている生徒の成績が伸びているんだけど、どうやったの? 何かいい方法でもあるの?」

と聞かれましたが、「家に帰ってまで勉強するなと言ったんです」と公表することなどもちろんできるはずもなく、「さあ、どうしてでしょうね? わかりません」と白《しら》を切り通しました。

そのときの僕の給料は、少し多めにしてくれていました。

POINT 5 自分で主体的に選択することで、新しい可能性が広がる

角度を90度だけ変えて日本地図を見ると、何に見えるか知っていますか？

僕たちの人生は、すべてにおいて思い込みが支配し、その結果として現在があります。

思い込みが固まることで、人生も固まってしまうことが往々にしてあります。

その思い込みをズバッと変化させるのが、先ほども述べたパラダイムシフトです。

固まった思考や価値観や物の見方が少し変わることによって、まさにすべてが変わっていくというのはよくあることです。

このことを「**タツノオトシゴか龍か**」という話で説明したいと思います。

まず、これを見てください。

見慣れた日本の形

そうです、日本地図です。

子どもでもわかる、見慣れた形ですよね。僕たちは、いままでの人生で何回この形を目にしてきたでしょうか。それはもう数え切れません。

あらためて見つめると、日本は本当に不思議で神秘的な形をしています。

これだけの島が連なりながら、大陸と陸続きではなく、世界中でもめずらしい単一民族の国家として、アジアのもっとも東に位置している。太平洋にも面しながら、最高にデリケートな形で、光を放っているように感じます。

そして、海にいる「タツノオトシゴ」の形に少し似ています。そう思うとまた可愛く見えて、愛おしく感じます。

タツノオトシゴというのは、まさに「竜が落とした子」という意味が語源だという説もあるくらいなのですが、じつは一部の中国や韓国の人は、日本はタツノオトシゴではなくて、「**龍に見える**」というふうに表現する方がいるそうです。

僕は最初、「**なるほど、その人たちには日本の形が龍に見えるのか**」というふうに単純に聞いていたのですが、そうじゃないのです。

正確に言うと、見方が違うとのこと。
もっと具体的に言うと、見る角度が違うそうです。
じゃあ、どのように見ているかというと、このように見ているそうです。

たしかに、龍に見える……

このイラストを見て、どう感じますか？　不思議な感覚がすると同時に、見たこともない形が目の前にあるような気分ではないですか？

僕も初めて見たときにハッとしました。なぜならば、僕が生まれて住んでいるこの日本を、こういう角度で見たことがなかったからです。

でも、同じイラストをたった90度変えただけです。

そう、僕たちは数え切れないほど日本の形を目にしてきているにもかかわらず、たった90度角度が変わっただけで、初めて見るイラストが目の前にあるような、不思議な感覚を味わいます。

言われてみれば、たしかに龍に似ています。

九州は頭の形で、ちゃんと目や口もあるように見えますし、沖縄本島をはじめとする琉球諸島は龍の噴いている火のように見えます。

そして、僕は「タツノオトシゴか龍か」を目の当たりにしたときに、軽く電気でシビレたような感じがしたのです。

「人生におけるすべてが思い込みでできており、少し見方を変えるだけで違って見えるか

もしれない。健康も、人間関係も、時間も、仕事も、お金に関しても、少し角度を変えて見るだけで変わるかもしれない」と思いました。

だって、あれだけ見慣れた日本の形が、たった90度変えるだけで「はじめまして!」と思えるほど違うんですから。

僕たちの日常もまったく同じだと思いませんか?

いまやっていること、これから始める新しいことにおいても、少し角度を変えて見てみるだけでパラダイムシフトが起きて、新しい発想を与えてくれるかもしれません。

まずは、実際に90度だけ角度を変えてみてください。

そして、そのときにあなたの前に、最高に素敵な龍が現れますように。

POINT 6

ひとつの物事をさまざまな角度から見る習慣をつけよう

動物園でもっとも自由なのは○○だった⁉

多くの人が、動物園に行ったことがあると思います。

ライオンがいたり、象がいたり、トラ、キリン、カバ、サイなど、日常生活のなかでは直接目にすることができない動物たちがいて、子どもはもちろん、大人も童心になって楽しめる場所です。ライオンの鳴き声、キリンの首の長さ、象がうんちをする場面、人によってさまざまな思い出があることでしょう。

テレビではいろいろな動物を見ることができますが、動物園では日本には生息しない動物たちも直接、しかも間近で目にすることができます。


では、動物園を動物園として成立せしめているものは、一体なんでしょうか?

そう、「檻」です。


檻があるから、リラックスして安心して笑顔で見ていられます。

檻がない動物園を想像してみてください。

恐怖です。というか、それが本来の自然の姿なのですが。

つまり、動物園は檻があって初めて、動物園なのです。

動物園では、どんなに獰猛《どうもう》な動物でも、どんなに巨大な動物でも、檻のなかで動きを制限され、餌をもらって生きています。

あるとき、娘が小さいころに、一緒に動物園に行きました。

そこで、娘がハッとすることを言いました。

檻に入っている動物たちを見ながら、

「お父さん！　この動物園で一番自由なのは、カラスだね」

と、言ったんです！

とっさに、「え？　どういう意味だろう？」と思った僕の目に入ったのは、ライオンの檻の上にいたカラスでした。

娘に「なんで？」と聞くと、

「だって、カラスは檻の外で自由に飛べるじゃん!」

と言いました。

……たしかに。

百獣の王のライオンは檻のなかで動きを制限され、ライオンの檻の上にいるカラスは自由に上空に飛び立っているではありませんか!

そのとき僕はハッとさせられました。子どもの柔軟性のある発想に驚きましたが、その考え方自体に「檻」がないな、と思ったんです。

大人は「檻」のなかにいる主役の動物たちを、子どもに見せようとします。

でも、子どもには思考の「檻」がありません。

だからこそ、主役ではないけれど完全に自由なカラスが目に入ったのでしょう。

僕はそのとき、人生も同じだと思いました。

ついつい僕らは、見えない檻に入ってしまいます。それは思考だったり、時間的な発想だったり、場所だったり……。「自分は檻のなかにいて、自由なんかない。人生は限られているんだ」と思い込んでいたりすることもあります。

でも、僕たちは本来自由に飛び立つことができ、自由に走り回ることができる存在だとすれば、まずはそれを思い出すことが大切なのです。

結局、ライオンとカラスの違いは、檻があるかないか、檻があると信じているか、檻がないと知っているかの違いなのです。

だとすれば、僕たちも大空に飛び立つことができるというふうに考えることによって、人生が変わってくるのではないでしょうか。

見えない檻を取っ払って、動物園の自由なカラスのように、大いに飛び立って人生を楽しんでいきましょう。

POINT 7

心の「檻」を外して、自由な人生を楽しもう

Chapter 2

みんなが幸せになるコミュニケーションの真理

一足一刀の間合いで人間関係を築く

「一足一刀《いっそくいっとう》の間合い」という言葉をご存じでしょうか？

剣道用語なのですが、この距離感が人間関係においても参考になるという話をします。

一足一刀の間合いとは、読んで字のごとく、一歩踏み込んで、一太刀《ひとたち》すれば相手に刀が当たる距離という意味です。

竹刀《しない》でいうと、お互いの剣先が5センチずつクロスするくらいでしょうか。

剣道には遠間《とおま》というものがあります。遠間の場合は一太刀では届かないので、無理に遠間から打ちにいくと、逆に打たれてしまうという距離です。

逆に、近間《ちかま》というものもあります。これは近すぎるので、お互いにすぐ当たってしまうという危険な距離です。

真剣ならば、相手との「間」を間違えると、命取りになってしまいます。これが本当の「間違い」ということです。


一足一刀の間合いは、人間関係の距離感においても大事です。

人との距離感が近すぎると、相手との空間、つまり「間がない」状態となります。

また、相手との距離感が遠いと、「間が抜けている」となってしまいます。

物理的な距離感だけではなく心理的な距離感においても、いかに人との距離感を「間がいい」状態にするかが大事なのです。

近すぎても遠すぎてもコミュニケーションが計れないので、まさに一足一刀の間合いを心掛けて、一番しっくりくる距離感を探しながら、間合いを取ってみてはいかがでしょうか。


有名な「雪山のハリネズミ」というお話があります。

雪山で吹雪になったときに、2匹のハリネズミが、お互いに温め合おうということになりました。

しかし、いかんせん彼らはハリネズミです。

近づきすぎると針が刺さって痛い。

痛いからといって離れると寒い。

寒いので近づくと痛い。

寒い、痛い、寒い、痛いを繰り返して、最終的に、お互いに寒くもなく痛くもない距離感を見つけたというお話です。

これも、一足一刀の間合いと同じく、相手との最適な距離感を見つけるということです。

とはいえ、すぐにできるものでもありません。

やってみて、失敗して、また見つけて――を繰り返しながら、相手との素敵な距離感を見つけていきましょう。

POINT 8

相手との最適な距離を見つけて、信頼関係を深めよう

「岡目八目」コミュニケーションで、うまくいく

僕たちは、基本的に主観的な物の見方をしながら毎日を過ごしているわけですが、そんなときに「岡目八目《おかめはちもく》」はすごく参考になります。

岡目八目とは簡単に言うと、「**当事者よりも、第三者のほうが状況を正しく判断できる**」という意味です。

自分のことは自分が一番わかっているはずですが、第三者の意見が本当にありがたいほど役に立つことがあるのも事実です。

ですから、僕は仕事で新しいアイデアなどの展開を考えているとき、

「**これからこうやって、仕事を新しくやっていこうと思うんですが……**」

と、人に話しながら、

「**もし○○さんが、僕と同じ状況だったとしたら、どうしますか？**」

と、聞いてみるようにしています。

そして、相手が「僕だったら、こうしますね」と言ってくれたときに、自分のなかにまったくない発想が出てきたりするのです。

これは仕事においてだけでなく、すべての人間関係においてそうです。

いろいろなことがあったときに、「○○さんが同じ状況だったら、どうされますか？」と聞くと、親身になって客観的に話を聞いてくれることが多いです。

相手も自分ごとではないため、いい意味で責任がありません。だからこそ、さまざまな意見をくれます。そうしていくうちに、信頼関係が深まっていくのです。

とかく、僕たちは自分だけで考えて答えを出そうとしてしまいます。

そうではなく、何かを始めるときでも、嬉しいときでも、困ったときでも、

「○○さんだったら、どうしますか？」

「まったく私と同じ状況だったら、どうしますか？」

と、聞いてみるようにしましょう。

ただ、ひとつだけ注意点があります。

すべての人の意見を参考にするとはいえ、すべての意見を取り入れる必要はないということです。

最終的には、あくまで自分がしっくりくるものや、相手からもらった意見を組み合わせたものを形にしていく感覚でいましょう。

一緒に「岡目八目」コミュニケーションを広めていきませんか？

POINT 9

「岡目八目」で、率直に第三者に客観的意見を求めてみよう

「させていただく
精神」が、
美しく喜びを
広げていく

「させていただく精神」は、僕にとって好きな考え方です。

たとえば、誰かのお手伝いをしたとしましょう。

そのときに、一般的によく使われる表現は、「この前、あの人のこと手伝ってあげて……」となります。逆に誰かが手伝ってくれた場合は、「先日、あの方に手伝っていただいて……」となるでしょう。

感覚的には、手伝ったほうが「してあげた」ですし、手伝ってもらった人は「していただいた」という言いまわしになります。

しかし、僕のばあちゃんは、まるで逆の表現と気持ちを持っていました。手伝う際にも「させていただく」という気持ちが、言葉として自然と出ていたんです。

僕は小さいころ、ばあちゃんの様子をよく観察していました。そして、すべての動きや言葉が学びになるものでした。

広島の方言で手伝うことを「てごする」と言うのですが、ばあちゃんは人を手伝った際に「**はあ、今日もてごさせてもろうて**」と言うのです。

これを標準語にすると、

「まあ、今日も手伝わせていただいて」

ということです。これを聞くと普通は逆だと思うはずですが、僕は小さいころから、この言い方にまったく違和感がありませんでした。

なぜ違和感がなかったのかというと、そこに、ばあちゃんの感情とのズレとブレがないということが見て取れたからです。

本当に素直にそう思っているし、温かく優しく相手に届いているので、相手の方も嬉しそうにしながら、お互いに頭を下げている様子でした。

普通は「手伝わせてもらって、ありがとうございました」という発想はないですよね。

でも、ばあちゃんのなかにあったのは、こちらが手伝うことによって物事がうまく運んだことが、相手にとって本当によかったという発想です。

このような光景を僕は「美しいな」と思いながら見ていました。

たとえば農作業を手伝うにしても、ばあちゃんは一切手を抜かずに、汗だくになって一生懸命働きます。しかし、手伝ってあげているという姿勢はゼロでした。もちろん「がんばって手伝っているアピール」もゼロです。

当たり前ですが、「今回手伝ったから、ひとつ貸しができたな。次は相手が手伝う番だな」という考えなど頭にまったくないんです。

ばあちゃんの雰囲気から出ていたのは、何かさせてもらうことそのものを、自分自身の喜びにしていた感じです。

仕事でもなんでも、相手に何かさせていただく、手伝わせていただく、という感覚でいれば、まわりの人を幸せにするだけではなく、自分のなかで心が満たされます。

今日も「させていただく精神」で、コミュニケーションをとっていきましょう。

POINT 10
「させていただく精神」は、日本人の優しいDNA

相手を追い込む「なんで!?」はやめる

「なんで!?」の使い方で、人生は変わります。

たとえば、あなたが親だとします。

子どもに「宿題やっておくんだよ」と言っておいたり、「洗濯物たたんでおいてね」と頼んでおいたとしましょう。

しかし、もしもそれをやっていなかったとしたら、無意識に、反射的に、日常的に、どんな言葉を投げかけているでしょうか?

想像してみてください。

あなたが子どものころ、親になんて言われましたか?

そして、いま自分の子どもに、なんて言っていますか?

ほとんどの場合、その際にぶつけるように発する言葉は、

「なんでやらなかったの!?」

ですね。

この「なんでやらなかったの!?」という言葉に質問の意図はなく、相手を責める言葉として、多くの人が反射的に発しています。

人は、質問されたことに対して素直に答えるように、脳のメカニズムができているので「なんでやらなかったの!?」という質問を無意識に、「あなたがやらなかった理由は、なんですか?」と解釈します。

そして、その場合、なんと答えるんでしょうか。当然、やらなかった理由を聞かれたわけですから、「やらなかった理由を答える」のです。

「時間がなかったんだもん」

「ほかにやることがあったんだもん」

という感じですね。

その際に、親がぶつける次なる言葉は何でしょうか?

これもほぼパターン化されていますが、「また、そんな言い訳をして!」とダメ押しをしますよね。

でも、これではマイナスの掛け算です。

「なんでやらなかったの!?」と、やらなかった理由を聞いたので、**「忙しかった」「ほかにやることがあった」**など、やらなかった理由を引き出すことには完全に成功しています。しかし、質問にキチンと答えた相手に対して、**「言い訳だ」**と責めているという、コントのようなトンチンカンな状態ですよね。


この状態を認識できずに、自分が正しいと思っているだけなのです。

僕たちも親から言われたことありますよね。そして、完全に追い込まれて、逃げ場がなくなった経験があるはずです。

「なんでできないの!?」の破壊力も絶大です。できないことを認識させたうえで、本人からできない理由を引き出そうとするわけですから。


ですから、この「なんで」を、今後一切やめてしまいましょう。

やらなかったことは本人が一番わかっているので、やらなかった理由をいちいち聞いたところで、何の発展もありません。なおかつ、相手は問い詰められて、完全に隅に追いやられていってしまうだけです。

ですから、やっていなかった場合は、「あ、そうか」と、一緒に状況を認識するだけでOKです。また、「じゃあ、どうする?」という次の展開に向かう質問に切り替えてみるのもいいでしょう。

ただし、「なんで!?」というのが効果的な場合がひとつだけあります。

それは、「意図的に相手を追い込む」場合です。

この「なんで!?」を繰り返すことで、相手は完全に逃げ場をなくして、感情の波も大きく荒れていきます。言い換えれば、無意識に「なんで!?」を使っているということは、無意識に相手を追い込むことに完全に成功しているという皮肉なのです。

僕は自分の子どもに対して、何かやらなかったときに、「なんでやらなかった!?」は一切言わないと決めています。

とくに、子どもにとって絶対的な存在である親や学校の先生からの「なんで!?」は、やめてほしいと思います。子どもは怯え、顔色を見るようになり、依存度が高まり、自立心を失ってしまいます。

しかし、とても素敵な「なんで」の使い方もあります。

「なんでやろうと思ったの？　そんないいことを」

何かいいことをやったときには、ぜひこう言ってあげてください。

すると、やろうと思った理由を答えてくれますので、どんどん素敵な言葉が出てきます。

もちろん、子どもに対してだけでなく、大人同士でもすべての関係において、相手を責める「なんで!?」をやめるだけで、確実に関係性はよくなっていきます。

相手を追い込む、「なんで!?」をやめて、相手を解放する「なんで」を使い、豊かな人生を送っていきましょう。

POINT 11
「なんで」を楽しく使い分けて、豊かな人生を送ろう

来る人を「歓迎」し、去る人を「祝福」する

僕たちの人生は、人との出会いによってできています。

一度出会ったことでずっと続くこともありますが、もちろん関係が変わったり、終わったりすることもあります。

僕は〝来る人を歓迎し、去る人を祝福する〟という言葉を大切にしています。

たとえば仕事において、コミュニティにおいて、新たに仲間になる人がいたとしたら、既存の完成された空気感を鼻にかけたりすることなく、オープンに歓迎しましょう、ということです。

ときには、残念ながら人が去っていくこともあります。

人が去る場合に、去られる側はつい憎まれ口を叩いたり、「あの人はどう」だの、「この人はこう」だの、よくない評判を立ててしまいそうなことがあるかもしれません。

でも、それでは何も生まれません。

それまでの関係がどうだったとしても、去っていく人がいた場合には、その人のその後の人生が素晴らしいものでありますようにと、心から祝福をしてあげるスタンスでいれば、常にいいエネルギーが増えていきます。

そして、もうひとつ大事なことがあります。

「なぜ始めるのかは聞く、なぜやめるのかは聞かない」という考え方です。

仕事やビジネス、スポーツ、なんでも始める場合は、なぜ始めようと思ったのか、なぜやろうと思ったのか、を聞いてみるようにします。

なぜかといえば、始める理由を聞くことによって、相手が始める理由を自ら考えて、自ら口に出して、自ら発した音が耳に入って、自らの頭に残るからです。

つまり、自分で納得している状態になるのです。なおかつ、こちらのバイアスが掛かっていない〝相手の本当の動機〟が明確になります。

一方で、「やめる理由は聞かない」ことにも明確な理由があります。

やめる人・離れていく人は、その決断をするまでにいろいろ考えたり、さまざまに思い悩んだりしてきたかもしれないからです。わざわざやめる理由を顕在化させる必要はないと僕は考えています。

やめていこうとする人がいた場合には、理由を聞かずに、そっと後ろから毛布をかけて

あげるような気持ちで、背中にコートをかけてあげるような優しさで、その人のその後の新しい人生が素敵で素晴らしいものになりますようにと、願ってあげてください。

POINT 12

なぜ始めるのかは聞く、なぜやめるのかは聞かない

今日もきっと新しい出会いがあるでしょう。

来る人を歓迎しましょう。そして、始める理由を聞いてみてください。

もしかしたら今日、新しい別れがあるかもしれません。

去る人を祝福しましょう。そして、やめる理由は聞かずに、新しい人生が素晴らしいものであるように願いましょう。

そうすることで、きっと素晴らしい人間関係ができていくことでしょう。

２００％の愛情を伝える方法

僕には7人のじいちゃんとばあちゃんがいました。

3人のじいちゃんと4人のばあちゃんで、そのうちのばあちゃんの2人は姉妹でした。

広島県三原の実家から一番近くに住んでいたばあちゃんが、「三原《みはら》のばあちゃん」。

そして、三原のばあちゃんのお姉さんが、「久井《くい》のばあちゃん」です。

久井のばあちゃんは僕の産みの母のお母さんであり、三原のばあちゃんは久井のばあちゃんの妹で、母は幼少のころから三原のばあちゃんの養女に入っていました。

2人とも僕にとってはばあちゃんで、2人からの愛情のおかげで、小さいころからとても満たされていました。

さらに、2人の愛情表現が愛情を倍増させてくれるものでした。

僕が三原のばあちゃんと会っているときに、ばあちゃんは僕にどういう愛情表現をしたかというと、僕のことを優しく抱きながら、

「慎吾、久井のばあちゃんは、ほんまにお前のことが可愛いんじゃけえの」

と言うのです。

自分で「わしゃあ、お前のことが可愛い」と言うのではなくて、三原のばあちゃんは僕を抱きながら、「慎吾、久井のばあちゃんは……」と言うのです。

このとき僕には、久井のばあちゃんが僕を可愛がって愛してくれているという直接の愛情と同等に、三原のばあちゃんも僕のことを愛してくれているという、2人の愛が重なってくる感じがするのです。まさに、クロスラブ。

同じように、久井のばあちゃんのところに行ったときは、久井のばあちゃんは、「慎吾、会いたかったど」と身体をさすってくれて、

「三原のばあちゃんは、ほんまにお前のことが可愛いんじゃけえの」

と言ってくれていました。

普通は自分の思いを伝えるのが先だと思うのですが、ばあちゃんたちは自分の姉や妹の想いを僕に伝えることで、自分の100%と、もうひとり分の100%の愛情を上乗せし、200%の愛情を伝えてくれたのです。

さらに、お互いのばあちゃんに対する美しい思いやりも感じることができました。自己主張のない、自己顕示欲を主張しない、素晴らしい愛の形を感じました。

これは僕たちの日常でも、気持ちを大きく伝えることができる手法だと思います。

シンプルに「私はあなたのことを信頼している」と言うのもひとつですが、「**Aさんはあなたのことすごく信頼しているし、この前のことも、すごく褒めていたよ**」と伝えるだけで、相手に想いを200%伝えることができるでしょう。

POINT 13

クロスラブで伝えることで、愛情が上乗せされる

人が物をくれるときには、物だけでなく、気持ちを受け取る

もらい物をしたり、プレゼントをいただいたりすることがありますね。

そんなときは、その物ではなく、その人の〝気持ちを受け取る〟ということが大切です。

僕自身のあるエピソードをご紹介します。


僕が20歳のときに、大好きだった従兄のお兄ちゃんが脳腫瘍になり、闘病生活の末に他界してしまいました。

性格が明るくて、気遣いができて、最高におもしろくて、人の気持ちを理解する能力に秀《ひい》でた従兄の兄ちゃんでした。

抗がん剤で髪も抜け落ち、本当はつらいはずなのに、僕に会うときには、黄色い「安全第一」のヘルメットをかぶって車を運転して笑わせてくれたりと、愛すべき人柄でした。

24歳で他界した従兄の兄ちゃんのことを思うと、悲しみがつかめないほど大きく、誰もが泣き崩れ、葬式の日も大きい悲しみを味わっていました。

そして、そのときに従兄のお兄ちゃんのお母さん、つまり僕から見たら叔母ちゃんが、僕のところに来て、

「ひであきは、しんちゃんのことをすごい可愛がっとったけえ、ひであきの洋服を全部持って帰ってくれ」

というふうに言ってくれました。

僕は泣きながら、

「いや、叔母ちゃん、それはひであき兄ちゃんのものじゃし、叔母ちゃんのものじゃけえ、僕は受け取れん」

と、心から答えました。

でも叔母ちゃんは、

「もう家にあってもしょうがないけえ、しんちゃん持って帰ってくれ」

また僕も、

「叔母ちゃん、ありがとう。でもやっぱり叔母ちゃんが持っといて」

と泣きながらやり取りをしていました。

すると、それを見ていた僕のばあちゃんが「慎吾、ちょっとこっち来い」と、僕を呼び寄せました。

僕がばあちゃんのとこに行くと、ばあちゃんは僕にさとすように話しました。

「慎吾、ひであきの服を全部もろうて帰れ。お前がもらわんかったら、叔母ちゃんの気持ちの行き場がなかろうが」

僕が叔母ちゃんから服を受け取れないと言って断ってしまえば、叔母ちゃんの気持ちの行き場がなくなるということを、ばあちゃんは言いました。

「じゃけえ、叔母ちゃんが『やろう』いう服は全部もろうて帰れ」

そして、次に驚くべきことを言ったのです。

「ほんまにお前がいらんかったら、持って帰って全部捨てりゃあええんじゃ」

たしかに、叔母ちゃんの気持ちを思うと、それが正しいんだと思いました。本当に人の心を思うこと、その人の状況を理解して、気持ちを推し量ることを教えてくれたのです。

「じゃけど、慎吾がもろうて帰らんかったら、叔母ちゃんは服を捨てることもできまあが。じゃあけ全部お前がもろうて帰れ」

そして、

「慎吾、服をもろうて帰る思うな、叔母ちゃんの〝気持ち〟をもろうて帰れ！」


僕は大きく気づかされて、ばあちゃんともたくさん泣いて、叔母ちゃんのところに戻って言いました。

「叔母ちゃん、ひであき兄ちゃんの全部もろうて帰ってええかね？」

叔母ちゃんは悲しみの底にありながらも、それを伝えたとき、穏やかで嬉しそうな顔をしてくれました。

まさに「人があげようという物は、物ではなくて、気持ちそのものを受け取る」ということを学ぶことができた機会でした。

物を受け取るときには、そこに込められている想いや、それを覆っている優しさや、言葉や物に含まれない「気持ち」を受け取る。

これが、本質的に心が通い合う瞬間ではないでしょうか。

社会における一人の人として、その人の気持ちを受け取る、その人の本当に優しい心を受け取るという意識で毎日を過ごしていくことができれば、人生はさらに素晴らしい場所になるでしょう。

POINT 14

内側にある気持ちを受け取ろう

Chapter
3

迷って、悩んで、くじけそうなときは

「あの人ならどうする？」と考えてみる

僕たちは私生活においても、仕事においても、予期せぬことに遭遇したりします。

いいこともあれば、もちろん、その反対のこともあります。

そんなときに一時的な自分の感情に身を任せてしまうと、相手を傷つけたり、もしくは自分を傷つけてしまうことになりかねません。


そこでひとつ、便利な考え方があります。

「あの人ならどうする？」です。

予期せぬことに遭遇し、どうすればいいかわからないときは、新しい選択肢として「こんなとき、あの人ならどうする？」というふうに考えてみると、思わぬところから答えがポンとやってきたりします。


たとえば、あなたがガンジーにあこがれているとします。

あるトラブルが起き、まさにいま、いざこざが起きようとしています。

この場合、「ガンジーならどうする？」と考えてみるだけで、解決策が生まれたりする

こともあります。

気持ちが荒れてきて、いろいろとよくない感情が沸き立ってきました。**そのときに「マザー・テレサならどうする？」と考えてみると、すっと気持ちが落ち着いたりします。**

人がもめています。いまにもケガ人が出そうです。**そのときに「キング牧師ならどうする？」と考えると、あっという間に仲裁できるかもしれません。**

こんなふうに考えてみると、まさにその人たちの力を借りているのと同じ感覚になり、一人で悶々と悩み続けることがなくなります。

僕の場合は、たとえばさまざまな人と接するなかで、「この人の相談に乗る場合、ばあちゃんならどうするかな？」と考えます。

POINT 15

尊敬できる人の思考の「軸」を入れてみる

相手が喜んでいる、目の前の人が困っている、友だちが新しい人生に迷っている。

どんなケースでも、

「こんなとき、ばあちゃんならどんな気持ちで、どんな言葉をかけるだろうか？　どんな表情で、どんな様子だろうか？」

と想像するだけで、自動的に相手に親身になれている自分に気がつきます。

自分のなかで尊敬できる人の「軸」を入れておいて、嬉しいときも、気分が高まっているときも、緊急事態のときも、

「あの人だったらどうするだろうか、どういう表現をするだろうか」

と考えるようにしましょう。

一生懸命モチベーションの上げ下げをする必要はない

「どうやってモチベーションを上げたらいいでしょうか?」
「どうやってモチベーションを維持したらいいでしょうか?」
よく聞かれる質問です。

モチベーションについて、僕はいつも感じることがあります。それは、モチベーションは、そもそも自分勝手に上げたり下げたりするものではないのでは? ということです。

たとえば、気分がノッているときはモチベーションが上がっている、逆の場合はモチベーションが下がっている、というように表現されますね。

下がっているときに無理矢理上げようとしたり、なんとかして維持しようとするのは、自分がコントロールできないところに手を入れていくようなものです。

だから、モチベーションはむやみに上げたり下げたりしなくていいと思っています。

そもそもモチベーションとは、上げたり下げたりを意識しなくても、自然と湧いてくる情熱や動機があればいいものです。そう考えれば、下がったものを無理に上げようとしなくても、上がったものをさらに上げようとしなくてもいいですよね。

男の子が、休み時間にドッジボールをして遊ぶ際に、

「先生、どうもドッジボールに対してモチベーションが下がってるんだよね」

と言ってきたらどうですか？

女の子が、おままごとをして遊んでいて、

「お母さん、どうしてもおままごとに対するモチベーションが上がらないのよ」

と言ってきたらビックリですよね。


もしも、「モチベーションが下がってしまって、どうしても上がらない」という表現で状態を表すとしたら、その上がらない何かを一度やめてみたらどうでしょうか？

もしくは、人生にそれがなくなったら？　と考えてみたらどうでしょうか？

本当にそれが必要かどうか、心からやりたいかどうかがはっきりすると思います。

ですから、モチベーションを上げたり下げたりするのではなく、「その情熱があるかどうか」「本当にやりたいかどうか」「楽しいかどうか」「やり続けたいかどうか」で判断してみるのです。

少し考え方を変えるとしたら、モチベーションが上がっているか下がっているかではなく、集中しているか、リラックスしているか、というように考えてはどうでしょうか？

「モチベーションが上がっている」＝「集中している」
「モチベーションが下がっている」＝「リラックスしている」

こう考えると、自分を責めることもなくなってきます。

リラックスするときはしっかりリラックスして、集中するときにはたっぷり集中することができるとするならば、モチベーションが高い状態も低い状態もどちらも必要ということです。リラックスが集中を生み、集中したことでリラックスを楽しめますから。

POINT 16
集中しているか、リラックスしているかで考える

自己責任の範囲を広げて、気持ちをコントロールする

「責任」というと、「あなたのせいだ」「私のせいだ」という意味で、どちらかというとネガティブな文脈で捉えられがちです。

でも、ここで伝えたいのは、そういうことではありません。

ここでいう責任とは、「何かが起きたときに自分で解決する能力」のことです。

思いがけないことや、予想もしていないことが起きるのが人生です。

そのときに、どんなことでも自分で解決すると決めて、自己責任の範囲を広げることによって、自分で自分の人生をコントロールできるようになります。

簡単に言えば、人のせいにしなくなるということです。

でもそれは、自分のせいにするという意味とも違います。

自分で責任を取れる、起きた出来事に対して反応できる範囲が広がる、この感覚が身につけば、まったく違った人生になってきます。

もしも、すべて自分以外の責任にしてしまうと、「自分で解決できない」ということを認めていることになります。

「起こったことはすべて、自分の責任において解決できるんだ」という解釈をすれば、見える物事すら180度変わってきたりします。

僕は自分で事業を始めるとき、「起こったことは全部自分で解決しよう！」と決めました。

そう決めると、じつはとても楽になるんです。

なぜなら、人のせいにしなくなるからです。

これは仕事においても、人間関係においても、職場においても、家庭においても、すべてに通じることだと思います。

自分の外側のせいにすることがなくなり、自分で解決できる内側の幅をグッと広げて、自己責任の輪を大きくする。

結果、自分で人生をコントロールできるようになります。

こうなると、もはや問題が問題ではなくなります。

もちろん、ややこしい問題が起きることもあるのが人生ですが、それほど長引かずに、気持ちが持っていかれることもなくなります。

「すべては自分の責任で、自分で解決できる」と解釈しているからです。

それでも解決できない問題が起きたときは、「そのときはそのときだ」くらいの軽いノリで、少しずつ解決しながら進んでいきましょう。

POINT 17 起きることはすべて「自分で解決する」と決めてみる

人の評価はさまざま、自分の評価は絶対

人の数だけ個性があります。

そして、人の数だけ見方があり、人の数だけ評価があります。

僕たちは、他人からの評価で**「ほめられた！　やった、嬉しい！」**とか、**「責められた、落ち込む」**などと一喜一憂しがちです。

でも僕は、そんなことに振り回されなくていいと思っています。

もちろん、謙虚に受け止めるという素直さは絶対に必要です。

それはほめられれば嬉しいでしょうし、責められれば落ち込むとは思いますが、まずは「観察する」という目を持ってみてください。

人の数だけ個性があるものですが、同じ人であっても、そのときの状況などで気分も違うでしょうし、人の数より多くの立場というものも存在します。

親という立場、上司という立場、先生という立場など、無数にあります。親でも上司の立場のときがあるでしょうし、先生も親の立場のときもあるので、また変化します。

要するに、人の評価は千差万別でたくさんありすぎるので、あまり気にしなくていいということです。

たとえば個人的なことですが、僕のことを「お前みたいに、だらしない奴はいない」と思っている人も実際にいます。

相手も状況が変化するように、こちら側も人生はいろいろと変化していますから、どん底でだらしないときを知っている人の目から見れば、僕は「だらしない」わけです。

一方で、**「大塚さんは本当にいつもおもしろくて、会ったらこちらが元気になる」**と言ってくれる人もいます。

僕が人に会うときは、思いきり笑ってもらったり、楽しそうにしてもらったり、喜んだり元気になったりしてもらえると嬉しいと思っていますので、その人からは**「楽しくて元気になる」**と言ってもらえるわけです。

言われていることは真逆です。はたしてどっちが本当でしょうか？

どっちの評価も本当なんです。

僕もこれまで、いろいろな人に迷惑をかけたり、困らせたりしたこともあります。ときに人を傷つけたり、ケンカをしたこともあります。

僕に出会って本当に喜んでくれた人もいますし、考え方が変わったと言ってくれる人もいますよ。人生が楽しくなったと、最高の笑顔を見せてくれる人もいます。

「最高に楽しい」「笑顔が素敵」「発想がおもしろい」「頭の回転が早い」「すごく優しい」「アホ」「無責任」「変態」「ろくでなし」「顔が濃い」……すべてが僕に対する、人からの評価であり、そして評価はバラバラなのです。

それよりも大事な本当の評価は、「自分が自分をどう見ているか」ということ。それがすべてと言っても過言ではありません。

でもこれは「自分勝手でいい」ということとは少し違います。人の評価や意見は謙虚に尊重しましょう。同時に、素直に観察しましょう。そこに、その人の意思や意図が隠れている場合もあります。

そのうえで、さまざまな評価を大いに参考にさせてもらいながら、自分なりの絶対的な自分軸をしっかりと持って生きていきましょう。

POINT 18

人からの評価よりも、自分に対する評価を大切にしよう

Chapter 4

人生の質を決める「判断基準」と「リスク管理」

カラスのうんちを避けるか、車に轢《ひ》かれるのを避けるか

「カラスのうんちとリスク評定」という、僕が実体験から学んだ話をします。

外を歩いていると、カラスのうんちが落ちてくることがありますよね。

僕たちはもちろんトイレでしますが、カラスはどこでも自由にうんちをしますので、歩いていると上空から落ちてくることがあります。ポタッと。

僕は実際に、肩に落ちてきたことがあります。

原因を知るために**「なんで肩に落ちてきたんだ？」**と思って上を見るとなんと、電線の真下でした。

電線がカラスのトイレで、うんちが落ちてくる確率が高いと知って、僕はそれから電線を避けて歩くようになりました。それからは、身体に落ちてこなくなりました。

でも、次のような状況だとどうでしょうか。

電線の下を避けて歩いていました。でも前から大型の車が来ました。

車を避けるには電線の下に身をおくことになります。しかし、電線の下を避けると車に衝突してしまいます。

うんちと車と、どちらのリスクが高いでしょうか？

もちろん、車ですよね。

だから車を避ける。そのときにたまたまうんちが落ちて来たとしても、このリスクの評定がしっかりとできていれば、車に轢かれるよりはよかったという話になります。

でも、うんちがかかるか、かからないかだと、かからないほうがいい。

そして、人間はとっさに判断できなくなるんです。

「電線の下を歩いたらうんちが落ちてきた」「車が来ている」「うんちが落ちてきた」「うんちから逃げる」……車にドーン！　危ないですよね。


もうひとつ、似たような話があります。

すばしっこい猿を捕まえるときの方法です。

まず、木の幹に猿の手がひとつぶんピッタリ入るくらいの小さな穴を開けます。

そのなかに、猿の好物の木の実などを入れておきます。

猿は手を入れて木の実を掴みます。

しかし、こぶしを握ったままだと、その穴から手が抜けません。

それでも猿は、握ったこぶしを放して、木から手を抜くという選択をしません。

人間がゆっくりと猿に近づいても、猿は握りしめた木の実を離そうとしないのです。

猿が木の実を離すのは、人間が猿の首を掴んだとき。たやすく捕まってしまうというのです。


アホな猿だな、と思いがちですが、案外人間も同じようなことをしているのかもしれません。


カラスのうんちと、猿の話を踏まえて、あなたもリスク評定をしてみてください。

いまの目の前に置かれている、どちらのリスクが大きいか?

判断力を高めながら、今日も電線の下を避けて歩きましょう。

POINT 19
本当にリスクの高いほうはどちらか、見極める目を持つ

ダメだと思ったら、「スタコラサッサ」と新しい場所に行く

人生は、常に選択と決断によってできています。

意識的にも無意識的にも、常に小さな選択と、ときに大きな決断によって、人生は形づくられています。

多くの日本人は、学校教育のなかで「一度始めたら、続けなければならない」という決めつけが染み付いてしまいます。

ついつい私たちは、自分で選択したことだからという理由で、ずっとそれを続けなければいけないと思い込んでしまうことがあります。

「本は、読み始めたら最後まで読まなければならない」

「映画は、おもしろくなくても、最後まで観ようとしてしまう」

……でも、想像してみてください。

あなたがスッポリ入る、大きな鍋のなかにいたとします。そこに火がつけられて、いまから煮えていこうとしているのに、ずっとそのなかにいたらどうなりますか？

ゆで上がってしまいますよね。

では、どうしたらいいかというと……。

「スタコラサッサ」と、いますぐ逃げるべきです。

「最初は冷たい水だったんだから、今後も大丈夫だろう」は通じません。

確実に温度は上がっていきます。水が熱を持ち始めます。

35℃くらいで、「あ〜いい湯だな」なんて言っていたら、あっという間に温度が上がり、45℃くらいになると、「むむ、あっ、熱い！」となります。

これ以上は無理と思ったら、すぐに鍋から飛び出しましょう。


鍋はあくまで例えですが、仕事のうえでも、人間関係でも、人生のなかで危険なこと、自分にとって本当にやりたくないこと、どうしても合わないことが続いてしまう状況はよくあります。

もし仮にそのような選択をしてしまって、これ以上無理だと気がついた場合、いまこの瞬間から、そこを離れるべきです。

もしかしたらそれは仕事かもしれませんし、人間関係かもしれません。しかし、どんなことでも、どんな状況でも、その場から立ち去って逃げてみるというのも、新しい選択肢を生み出す決断になるかもしれません。

「自分で決めたから続けないと」とか「逃げるのはカッコ悪い」と思うかもしれませんが、鍋でゆで上がらないための新しい選択は、自分の生命を守るための最高にカッコいい決断ともいえるはずです。

もうダメだと思ったら、スタコラサッサとその場から立ち去って、新しい景色が見える場所に行ってみましょう。

POINT 20

「逃げる」ではなく「新しい場所に行く」という発想を持つ

人と出会ったとき、仲よくなれるかどうかの基準とは？

僕たちは、一生でどれだけ多くの人と出会うでしょうか？

おそらく誰もが明確な数字が言えないほどに多くの人と出会いますし、すれ違いますし、出会っては別れてを繰り返しているでしょう。

もちろん、出会ったすべての人とずっと仲よくいられたらいいのですが、それは無理でしょう。いろいろなタイプの人がいて、合う・合わないがあるからです。

性善説で考えると、すべての人が素敵でいい人であるはずですが、最初はいい顔をしていてもダマされたり、利用されたりすることもあります。

そこで、自分なりの人選びの基準があったらいいですよね？

僕はよく、

「大塚さんが、人と初めて会ったときに、その人と仲よくなるかどうかを判断する基準のようなものはありますか？」

と聞かれます。

そして、基準があるかというと、あります。しかも明確に。

さまざまな場面で人と出会うなかで、感覚的に掴んできた「人と初めて出会ったときの基準」ができました。

その基準に、学歴や職歴は関係ありません。仕事の実績や肩書も無関係です。年齢や性別や経験なども関係ありません。

では、どういう基準かというと、

「その人が中学や高校の同級生だったとしたら、僕はその人と仲よくなっていたかどうか」

これだけです。

男性でも女性でも、年配の人でも若い人でも、「この人が僕の中学とか高校の同級生だったとしたら、僕は自然とこの人と仲よくなっただろうか?」と、自分に質問をするのです。すると、無意識が自然とその答えを出してくれます。

なぜ中学、高校時代かというと、利害関係がないからです。

金銭でつながっていない、損得の関係ではないからです。

中学、高校のときは、「こいつと友だちになったら仕事はうまくいくな」とか、「お金になるかな」なんて考えません。

ということは、まったく利害関係のないなかで、本当に素直に純粋に仲よくなれるかどうかが見えるということなのです。

この基準を意識し始めてからというもの、人間関係において、ほとんど間違えることがなくなったというのが僕の感覚です。あなたもぜひ、試しにやってみてください。

POINT 21

「中学・高校の同級生だとしたら?」と考えてみる

人生の最大の仕事は「健康である」こと

いま、僕たちがこうして生きていること自体が奇跡です。

最初は1つの細胞が2つに、2つが4つ、4つが8つにと細胞分裂をしながら、そのうちに脳ができたり、筋肉や骨や、目や髪の毛などができていくわけですから、最高に神秘的です。

僕たちは、身体を自分の所有物だと思っています。

でも、僕たちの魂が身体という乗り物に乗っかって人生を経験しているとすると、身体はこの世でレンタルしているようなものだと言えます。

そう考えると、人生で一番目の仕事は健康であること、というのも理解できます。

僕は「真の健康100万人プロジェクト®」のリーダーとして活動しています。100万人の健康を助けるのがミッションなので、いつも「人生の一番目の仕事は健康であること」というのを意識しています。

身体の97%は、目に見えていない部分です。身体の外のことしか考えてなければ、97%を意識せずに生きることになります。

人間の大人ひとりの血管をすべてつなげたら、地球を2周半もするそうです。驚きですよね！　それだけ僕たちは、身体のことを知らないんです。

だからこそ、身体の内側のことを考えて生きていくというのは大事です。

細胞の声に耳を傾けてみる、という感覚を持ってみてください。

「耳も細胞でできているぞ」とツッコミが来そうですが、それはさておき、僕たちは1日のなかでどれくらい、細胞のことを意識しているでしょうか。

残念ながら、ほとんど意識していないかもしれません。

でも、細胞こそが僕たちです。つまり、僕たちは細胞でできています。

その細胞がどういう状態かによって、僕たちの人生が決まってきます。

ですから、何をするときでも、「細胞はどのように感じているのかな」とか、何を食べるときでも「細胞はどういうふうに喜ぶかな」というように想像してみてください。

もちろん、ある程度の運動も必要です。

僕らは赤ちゃんや子どものころ、意識せずに身体を動かしていました。

POINT 22

身体はこの世でレンタルした魂の乗り物。大切にしよう

「最近は運動不足だから、多めに身体を動かしますよ！」という赤ちゃんはいません。**身体のなかに、バランスのとれた最適な栄養素をきちんと取り込み、大切な細胞に与えてあげてください。**

細胞が元気なら、僕たちが元気ということになり、人生で一番目の仕事である「健康」をまっとうすることができるでしょう。

人生の借り物であり、魂の乗り物である身体を大切にしていきましょう。

細胞の声に耳を傾けましょう。

身体がある限り、人生は続いていくのです。

「つくし」と「タケノコ」のタイミングの違いが、人生のヒントになる

人生の「タイミング」についての話です。

私たちはとかく、人と比較して、「**あの人はすごくうまくいっているのに、自分はうまくいっていない**」などと感じてしまうことがあります。

でも、はっきりいうと、そんなことまったく気にする必要はありません。

孫子《そんし》という人をご存じでしょうか？

『孫子の兵法』で有名な、中国の戦略家です。

孫子の兵法の一節である「迂直《うちょく》の計」に、こういう言葉があります。

「人に遅れて発し、人に先んじて至る」

出発は人よりも後《あと》でも、先に到達する、というような意味です。

僕たちの人生においても同じようなことがあると思います。

そのひとつの例えとして、参考になる話をしたいと思います。

たとえば、つくしがあったとします。

つくしは、春に芽を出します。

あなたがタケノコだとしましょう。

タケノコは4年間、土のなかにいるそうです。

そんなあなたは、土のなかでつくしに嫉妬しています。

これは、タケノコがダメで、つくしがいいというような話ではありません。

ただ単に、芽を出し、大きくなる「タイミング」を知っていればいいというだけの話なのです。

どういうことでしょうか？

じつはタケノコは4年間、土のなかにいたとしても、5年目に竹となって地上に現れると、一気に25メートルまでいくそうです（1日に1メートル伸びる日もあるとか）。

土のなかでつくしに嫉妬していても、地上に出れば、あっという間に、つくしよりはるかに大きくなれるのです。

つまり、つくしに嫉妬しているというのは、自分を知らないということです。

つくしにはつくしの、タケノコにはタケノコのタイミングがあり、他人には他人の、あなたにはあなたのタイミングがあるとすれば、そのときの状況に一喜一憂しなくなります。

人生のタイミングというのは、人によって違います。

自分のベストタイミングは、つくしよりも遅いかもしれない。でも、必ずそれぞれにやってくるということを、わかっていればいいんです。

そのうえできちんとしたビジョンを持っていれば、人生において、ベストなときにあなたにとっての花が開くのです。

POINT 23

ベストなタイミングはそれぞれ違うので、人と比較しない

「機会損失の恐怖」ではなく、「機会選択の可能性」で意思決定をする

僕たちは生きていくうえで、さまざまな意思決定をしていきます。

意思決定には分類すると2つの選択方法があり、大きな違いがあります。


ひとつは「機会損失の恐怖」で意思決定する場合。

もうひとつは「機会選択の可能性」で意思決定する場合。

「機会損失の恐怖」とは、

「やばい！　今回を逃したら二度とチャンスはやってこない！」

「数か月後じゃダメだ、いまじゃないとタイミングを逃してしまう！」

といったような、恐怖に縛られてヒヤヒヤしながら意思決定をする場合です。

「機会損失の恐怖」で選択したケースでは、ほとんどの場合がうまくいきません。

あせりというマイナスの感情に縛られているので、冷静な判断力を失い、まわりからもあおられて、「自分だけ取り残されてしまうんじゃないか？」という錯覚に陥ってしまうからです。

じつは、僕自身も「機会損失の恐怖」で意思決定をして、何度も失敗しています。「機会損失の恐怖」は人を惑わすほどに、マイナスの強いエネルギーを持っているのです。

一方で、「機会選択の可能性」で意思決定するとは、

「今回の新しい機会は、自分の将来をつくってくれるものだ」

「自分の人生で本当にやりたかったことは、これだ」

といったもので、まわりが何を言うかは関係なく、自分の未来の可能性の扉が開かれるような感覚で選択する場合です。

世の中でうまくいっている人のほとんどすべてが、こちらの「機会選択の可能性」で意思決定をしています。人から言われたからではなく、自分の意思で選択しているので、納得感が大きいのです。

自分のこれからの可能性に、生き方に、ワクワクしているプラスのエネルギーが膨らんでいる状態です。

ただし、世の中には「機会損失の恐怖」で意思決定するシーンのほうが多いのが現実です。どうしても振り回されてしまうのです。

だから、うまくいかない選択をしないためにも、人にあおられて「**今回の機会を失ったらどうしよう！**」という恐怖と不安で選ぶのではなく、自分の人生の哲学に基づいて「**新しい可能性を開く選択になるだろう！**」という自由な選択をしていきましょう。

僕たちが人に何かをすすめる場合も、「機会損失の恐怖」をあおるのはやめるべきです。

「機会選択の可能性」で意思決定をしてもらい、相手の判断を尊重するほうが、長期的に素晴らしい関係となりますし、結果的に確実にうまくいくのです。

POINT 24

恐怖をあおるのではなく、自由な選択を尊重しよう

決断やチャレンジをするときは、お天道様《てんとうさま》に聞いてみよう

僕が大好きな考え方があります。

それは、昔からよく言われる「お天道様が見ている」という考え方です。

お天道様が見ているというのは、日本式の発想です。

人が誰も見ていなくても、お天道様が見ているから悪いことはしちゃいけないよ、という自然な戒《いまし》めが、日本人にあるということです。

田舎の道を車で走っていると、農家の方々による、野菜の無人販売所をよく目にしますよね。値段だけ書いてあり、お金を入れる箱がむき出しである、あの光景です。

そして、ほとんどの日本人のお客さんは、野菜をタダで持っていってしまうことなく、お金を入れます。箱に入っているお金を持っていってしまう人もいません。

財布が落ちていたって多くの日本人は交番に届けます。外国人が日本に来て財布を落としても、中身が減らずに返ってきたことに驚くことはよくあるそうです。

「人が見ていないからいいや」という発想がないのです。

お天道様が見ていると信じているからです。

もちろん、日本がよくてほかが悪いというわけではありませんが、海外の人が日本人の行為を称賛してくれていることも事実です。

災害があったときに、日本人が炊き出しや配給に、ちゃんと行列をつくって順番を守るという光景に、海外の人は驚くそうです。

さらに日本人には「お先にどうぞ」という、「レディファースト」とはまた違う風習があり、相手に対する思いやりから譲り合うという感覚が根づいています。

エレベーターでも必ず降りる人が先、もちろん電車でも降りる人が先で、要するにエネルギー同士が衝突しないような自然な振る舞いができる人が日本には多いのです。

こういったものが、日本人のＤＮＡにしっかりと入っているのです。


また、僕が個人的にしていることがあります。

何か新しいことを始めたり、決断したり、チャレンジしようとするときに、空を見上げて、天国にいる母親に聞いてみるのです。

僕が2歳半のときに他界した産みの母が空にいると想像して、確認します。

「こんなこと始めようと思うけど、どう思う?」

「思いきって決めてみようと思うけど、どんな感じがする?」

頭のなかに言葉を浮かべて、質問してみます。

まわりの人に確認したら「やめといたら?」とか「絶対うまくいかないよ!」と言われそうなことでも、空にいる母に確認すると、「自分がやりたい思うたことはやったらええ」とか「自分でわかっとんじゃろ、なんにも制限しとらんよ」と言ってくれているような気がするのです。

もしも、あなたのなかにもそういう人がいれば、心のなかでいいので確認してみてください。きっと、可能性が広がることでしょう。

POINT 25 お天道様が見守る空を見上げて、聞いてみよう

Chapter 5

自分の可能性にフタをしない

みんなタレント、
もちろん
あなたも
タレントです

質問です。

「あなたはタレントですか？」

「いえいえ、タレントだなんて。私は主婦ですから違いますよ」

「いいえ、私は単なるサラリーマンですよ！」

と思われたかもしれません。

「違う」と答えたあなたは、タレントという言葉を聞いて、きっとテレビに出ている人とか、芸能人をイメージしたのでしょう。

テレビタレント、お笑いタレントという表現で使われるように、日本では「タレント＝芸能人」という意味が浸透しています。

しかし、英語の「talent」の意味は、「才能」や「技能」という意味です。

さらにいえば、「talent」の語源は古代ギリシャ語の「talant（タラント）」であり、これは金や銀など、貨幣の単位だったそうです。

つまり、元来の意味では、「タレント」とは芸能人でもなく、才能という意味でもなく、金銀の単位であり、それを分け与えるひとつの「資源」という意味。

現在の社会においてもっとも大切な資源が「人」だとすれば、僕たち一人ひとりが世の中の大切な資源であり、まさに「タレント」であると言えます。

そう、あなたはタレントなのです！


「でも、私は社会にそれほど役に立っていないし、資源と言えるかどうか……」

そう思われる気持ちもわかります。

でも、役に立つ・立たないということではありません。僕たちは生きていることで、見えないところでもお互いに作用しあっているのが事実です。

「**金は天下の回りもの**」という表現がありますが、社会の資源である「**人こそが天下の回りもの**」と言い換えることができます。「**あなたこそが天下の回りもの**」であり、誰もが大切な資源として、社会に何かしらのつながりと役割を持っていると言えるのです。


もしかしたら主婦のあなたがつくったパンケーキを食べた誰かにとって、強い思い出となり、その結果その誰かがパンケーキ屋さんを始めることになり、多くの人が口にするきっかけになるかもしれません。

もしかしたら、サラリーマン時代にした仕事が、巡り巡って、誰かの喜びにつながっているかもしれません。

もしかしたら、何もしていなくても「ただ優しかった」ということだけで、誰かの気持ちを温めているかもしれません。

私たちにはそういった才能や価値があり、私たちこそが社会の資源です。新しい意味でのタレントとして生きていくことができれば、いい人生が始まっていくでしょう。

あなたはタレントです。どんなことで、社会に役立つ何かができるでしょうか？

今後のタレント人生を、お楽しみください。

POINT 26
あなたは社会にとっての大切で素敵なタレントです

僕たちには、見えないものを感じる力がある

僕は広島県出身なので、生まれながらに、プロ野球の広島カープファンです。

広島カープは原爆復興のシンボルとして誕生した球団ですので、広島の希望であり象徴です。県民のほとんどがカープを応援していて、とても熱狂的なファンが多いです。

昔の広島市民球場の観客席はゴミだらけで、煙草の吸殻やビールの空きカップなどがあふれ、文章にできないほどヤジも激烈でしたし、子どもの僕たちも、ここでは書けないようなことを叫んでいました。

熱狂的すぎて、テレビを観てカープが負けていたら「もうカープファンやめた！」とチャンネルをすぐ変えてしまうほどでした。

もはや異常なくらいの愛情を持っている人が多く、結局すぐにチャンネルを戻してしまうほど、どうやってもカープが大好きなのです。

家でも学校でもカープの話題ばかりで、僕が子どものころも、カープの試合があれば必ずテレビを観ていました。

ただ、ひとつ問題がありました。広島の地方放送なので、だいたい夜の8時45分くらいには、テレビ中継の放送が終わってしまうのです。

一番盛り上がる時間帯でテレビ放送が終わってしまうので、そこからどうするかというと、テレビ中継が終わった途端にラジオに切り替えて、音声で聴いていました。

広島にはＲＣＣラジオという地方局があり、「父さん！　ラジオ、ラジオ！」と叫んでラジオをつけます。

試合も佳境に入り、聴き逃すことはできません。

そのころはよく、僕は父親と風呂に入って、ラジオを聴いていました。２人で集中してラジオを聴いていますので、完全に全身が耳状態です。

たとえば、

「さあ！　投手は北別府！　9回の裏2アウト！　広島1点リード！　2アウト1&2塁！　カウントは2ストライク、2ボール！　バッター掛布に対して北別府、第5球を投げました！　入った！　ストライク！　いや、ボール！　きわどい！」

こういうシーンがあったときに、僕はこう言いました。

「父さん、いまのストライク入っとるじゃろ！」

すると、うちの父親が、

「うん、いまのは入っとったかもしれんのう！」

と真面目に会話をするわけです。

でも、よく考えてみてください。
これ、ラジオですよ、ラジオ。

音声だけで映像はなく、アナウンサーの声と雰囲気だけで、想像して「いまのはストライクじゃ！」と叫ぶ子ども、そして「うん、入っとったかも！」と応じる父親。

想像力は、無限だ!!

お風呂のなかで、映像なし。耳がラジオになっている、完全なるカープバカ親子です。

まったく根拠のない想像力ではありますが、音から映像が浮かぶようなイメージは確かにありました。

ほかにも、ラジオ実況で、

「山本浩二！　打った〜！　打球がレフト線にグングン伸びる！　大きい、大きい！　入った〜！　ホームラン！　いや！　切れてファール！」

など、最高に緊張感のある期待をさせられたあとに、ガッカリさせられて、ズッコケたりしたこともよくありました。

でも、しっかり映像が見えるような気がしたものですし、山本浩二選手の悔しそうな表情までイメージできたことを、よく覚えています。

このラジオの想像力の話は、子どものころの原体験であり、いまでもラジオを聴いていればほとんど映像が浮かんできます。

まさに、僕たちには「見ていないものですら、想像することができる」という能力があるということです。

僕はカープのラジオで子どものころから体験してきましたが、あなたにもきっと同じような体験があるのではないでしょうか？　あなたのおもしろ原体験も、今度聞かせてくださいね。

POINT 27

ありふれた毎日のなかで、五感の感性を育もう

アルキメデスに学ぶ地球を動かす技術

昔の有名な発明家・天文学者・数学者にアルキメデスという人がいます。

そして、このアルキメデスが証明したものに**「テコの原理」**というものがあります。

そう、学生のときに習った、あの「力点・支点・作用点」のテコの原理です。

ハサミ、せんぬき、爪切りなど、日常でもさまざまな場面で「テコの原理」に触れることがありますよね。


このテコの原理、小さい力でも、かけた力以上の力を出してくれるのが特徴です。

そして、アルキメデスは力点・支点・作用点の効果をわかりやすく証明するため、本当にしびれるような言葉で表現してくれました。

僕は、このフレーズが大好きです。

そのフレーズとは、

「私に支点を与えてくれるならば、○○をも動かしてみせよう」

というものです。

あなたはこの○○に何が入るかご存じでしょうか？

見出しに書いてしまいましたが、

「私に支点を与えてくれるならば、地球をも動かしてみよう」


と言ったのです。

まさに天文学的な視点で、テコの効果をダイナミックに説明してくれました。

まず、かなり長い棒が必要でしょうし、果たして支点はどこの星になるんだろう、とは思いますが、テコの原理の理屈としては正しい。バッチリ規格外の説明です。

概念的な例ではありますが、地球を動かしたり、太陽を動かしたり、銀河系のどこかの星を動かしたりすることも、理屈の上では可能だと証明されるということになります。


ここで言えるのは、人間の持っている可能性であり、僕たちが思っている以上に大きな

ことが実現されることがあるということです。

僕たち一人ひとりの力は小さいようでじつは大きいですが、それでも、ひとりでできることには限りがあります。

たとえば、昔の日本のお城だって、ひとりだけでつくろうと思ったら、あっという間に戦国時代なんか終わってしまいます。

短い期間でつくれと命令が下ったりすると、一人ひとりの持つ能力は一緒でも、人々が力を合わせて、絶対にひとりだけでは不可能なことを可能にしてしまうことが往々にして起きるわけです。

子どものころ、大きなビンに砂とアリを入れておくと、あっという間に複雑で機能的かつ迷宮のような住み家をつくるのを目撃した方もいるかと思います。あれも完全に、小さな力が積み重なって大きな力になる、典型的な例です。

みんなが力を集めると、それは足し算ではなく、掛け算でも測れないような、大きな力を生み出す。まさにこれがチームワークです。

チームワークはテコの原理に似ています。

テコの原理でいえば、持っている棒や支点にはさまざまな個性がありますが、力が合わされば思っている以上に大きくなるのです。その個性が集まったときに、さらに大きいテコ効果が働くのではないでしょうか。


実際に、いまの世の中にあるすべての偉大な成果物は、

「発想のテコ効果」

「人のテコ効果」

「時間のテコ効果」

など、一人ひとりの力が重なり合って、素敵なチームワークが発揮されて、なされていることばかりです。


そして、それは決して他人事ではなく、あなたにも僕にも十分できることです。

試しに引っ越しをひとりだけでしてみるのと、2人で協力してする違いを体感してみてください。2人でやれば、2倍どころではないスピードで終わるはずです。

それぞれ持っている才能、チームワークを発揮しながら、価値のある何かを一緒に実現していくことができたら、それこそ地球はいい方向に、テコの効果によって運ばれていくのではないでしょうか。

今度、人々が寝静まっている間に、コッソリと地球を動かしてみてくださいね。

POINT 28

テコの原理を活用して、人生を楽しく高めよう

テストの点数が60点だったら、「0より60も多い！」と考える

僕が常に思っているとても大切な考え方に、**「減点方式の相対評価ではなく、加点方式の絶対評価で生きる」**というものがあります。

現代の日本人の多くの人は、「減点方式の相対評価」に慣らされてしまっています。

数字で計れるものだけで判断され、人との比較にさらされて生きるのが当然とされています。

たとえば学校のテストの点数。

１００点満点だとすれば、もちろん１００点がもっともいい点数です。

そして、１００点を目指そうとするなかで、自分の点数が60点だったとしたら、多くの人は**「１００点より40点も少ないのか……」**という減点方式で考えてしまうのです。

平均点もそうです。自分が80点だとしても、クラス平均が90点だとすれば、相対的に見て**「自分は10点低いのか……」**と考えてしまいます。

しかし、「減点方式での相対評価」という発想だけでは、人生の可能性を狭め、自分自身を非常に苦しめてしまいます。

そこで僕が提案しているのは、「減点方式」ではなく「加点方式」です。

100点満点のテストがあったとしましょう。
自分の点数は60点でした。減点方式だと「100点より40点少ない」と考えます。
でも、そこでまったく発想を変えて、こう考えてみてください。

テストがありました。
あなたは何もしませんでした。
何点でしょうか？　そうです、0点です。当たり前ですよね。
何もしないのが0点、だから60点を取ったとしたら、

「0より60点も多い！」

と考えるんです。
相対評価では人との比較が登場しますので、友だちのまいこちゃんが80点だったとしたら「私のほうが20点少ない」と考えてしまいますが、絶対評価なら「自分の点数は60点！

以上！」と、人と比較して考える必要もありません。

この考えがあれば、社会に出ても苦しむことが少なくなります。

だんだんポストが少なくなるなかで昇給を狙い、ライバルを意識して、まわりを気にしながら働いていき、相対的に人と比較した自分に対する評価を気にすることになります。

減点方式の相対評価から生み出される発想では、常に「足りない」「まだまだあの人と比較すると少ない」という、飢餓状態のように満たされない状態が続いてしまうのです。

収入においても、「あの人より○○円、収入が少ない」という発想です。

そうではなくて、加点方式で積み上げていく、しかも絶対評価で。

そうすることで、自分軸からブレずに生きていくことができます。学校時代のあの「減点方式の相対評価」から解放されて、「加点方式の絶対評価」で生きていきましょう。

POINT 29

「減点方式の相対評価」ではなく、「加点方式の絶対評価」で生きる

奇跡は、
誰にだって起こる。
そして、すでに
起きている

僕が人生で経験したなかで、もっとも奇跡的だった体験、「**よりもどしの奇跡**」についてご紹介します。

それは、僕が小学生のころの話です。

実家の近く瀬戸内の砂浜で、海釣りをする父親についていったときのこと。

釣りをしたことがないという方に説明すると、釣竿には「リール」という釣り糸を巻き付ける器具が付いており、竿の先から出ている糸の先に、絡まないようについているのが「よりもどし」です。

エサを海底に沈めるための重りと釣り針にエサを付けたものを、剣道の面を打つように遠心力を使って竿をふり、エサを遠くまで飛ばして、魚がエサを食うのを待つのです。

そのとき、父はチヌ（クロダイ）を狙う仕掛けで、思いきり竿をしならせて振り、海に向かって遠くまでエサを飛ばしました。

すると、しばらくして竿先がグッとしなりました。

魚がエサに食いつき、針にかかったのを確認して、「**お！　きたど！**」と、釣り糸を手繰り寄せるためにリールを巻き始めました。

しかし、突然ピンッと何かが切れたように、魚の手応えがなくなったのです。

釣り糸を巻き上げてみると、よりもどしに結《ゆ》わえた糸の結び方が弱かったらしく、ほどけていたのです。

海のなかには、よりもどしのもう片方に結わえてある糸の先の釣り針に食いついたままの魚が、逃げていってしまいました。

もちろん、大きな海のなかのことなので見ることなどできません。

「いまのは手応えが、えかったのにのう」

父は悔しがり、釣り糸の結び目をきつくして新しい仕掛けをつくり、また同じように竿を振って海にエサを飛ばしました。

そして、少しずつリールを巻いていると、「おっ！　なんかかかったど！」と強くリールを巻き始めました。

すると！　新しくエサをつけて仕掛け直した釣り針が、先ほどほどけて海のなかで浮遊していた〝魚付きのよりもどし〟の穴に入って、上がってきたのです！

直径2ミリの「よりもどし」の穴から
外れて、広い海のなかで、再び穴に
入って戻ってきた奇跡!!

ちなみに、そのときに父が使っていたよりもどしの穴の直径は2ミリほどで、海のなかで釣り針が2ミリの穴に偶然に入って戻ってきたという奇跡です。

もちろん狙って可能なわけはなく、どんな奇術師でもできる芸当ではなく、釣りの世界で有名な方にも、

「それはすごい！　長年の釣り人生のなかでも、そんな話を聞いたのは初めて」

と言われました。

最高に奇跡的な経験なので例えようがないのですが、東京タワーの頂上から落とした一滴の目薬が目に入るくらい、ありえない確率だと思います。

よりもどしの奇跡は、父と僕が経験したもっともインパクトの大きな奇跡ですが、実際に人生そのものも、目に見えない奇跡の連続で成り立っています。

この世界に生まれたことも、生きていることも、人と出会うことも、すべてが奇跡の組

み合わせだとすれば、さらに人生が愛おしく思えてくるでしょう。

あなたにとっての「よりもどしの奇跡」は何でしょうか？

私たちの人生は、奇跡と可能性に満ちあふれています。ただ、それをしっかり見逃さず、受け取れるかどうかだけ。

奇跡と可能性がたくさんのこの人生を、楽しんでいきましょう。

POINT 30

奇跡の連続である人生を楽しんでいきましょう

自分の人生のパイオニアとなる

僕の母方のじいちゃんとばあちゃんが、実際に山を切り拓いて、人生のパイオニアになったという話です。

じいちゃんとばあちゃんは、戦前も戦時中も戦後も経験し、厳しい時代を生きました。じいちゃんは陸軍でしたが、輸送船で戦地に行った帰りに、戦闘機の集中砲火を浴びて、全身数か所を弾丸で撃ち抜かれ、右手の薬指と小指も飛ばされて、広島に帰還しました。

生活も苦しく、お金もなく、どうやって暮らしていくか、生きていくかと考えた末に、農地にするための山を買いました。

役場からお金を借りて、山を買って、切り拓くというところから始めたそうです。

じいちゃんとばあちゃんは最初、クワを持って、手作業の自力で山を拓こうとしたそうです。ところが、それではラチがあかないと気づき、役場からまた借金をして、今度はブルドーザーを借りて山を拓いたそうです。

いま話せば単なるストーリーですが、そのときのじいちゃんとばあちゃんの決断たるや、とてつもなく大きなものだったんじゃないかな、と思うんです。

山を買ったけどお金がない、そして、ブルドーザーまで借りて借金が増える。

しかし、じいちゃんとばあちゃんは働き者だったので、山を開拓した農地から美味しいお米ができるようになって、そのあと5人の子どもを育て、たくさんの孫に対しても、決して裕福なわけじゃなかったにしても、不自由のない人生を与えてくれました。

このレベルで一生懸命がんばったというのは、なかなかいまの時代にはないでしょう。

どんな仕事であろうと、自分の人生は自分で切り拓けるんだと思えば、勇気が湧いてきます。あなた自身も、山を買った気になって、ブルドーザーを借りて、切り拓く感覚でいけば、自分の人生のパイオニアになれます。

じいちゃんは死に際に、

「ばあさん、わしら悔いないよのう。ようやったよのう」

と、ばあちゃんに確認するように言ったそうです。

「じいさん、悔いはないよ。わしらようやったよ」

と、ばあちゃんが返すと、

「ばあさんも、こまい身体で、ようがんばったのう」

と、ばあちゃんをねぎらったそうです。

じいちゃん、ばあちゃんが2人で山を開拓したように、僕も人生のパイオニアであろうと思い続けています。

POINT 31

パイオニア精神で、人生を切り拓こう

Chapter 6

感謝と笑顔が僕たちを豊かにする

一番いいものから、人にあげるという生き方

僕の人生のなかで最大の哲学者は、何度もこの本に登場する、久井のばあちゃんです。いままでの人生で、多くの方にお会いしてきましたが、僕のなかでは、母方のばあちゃんの生きていく知恵が素晴らしく、最高の模範となっています。

ばあちゃんは、尋常《じんじょう》小学校（明治維新から第二次世界大戦勃発前までの時代に存在した初等教育機関の名称）しか出ていませんし、その後はずっと農業で人生を送りました。

広島の山里で、じいちゃんとばあちゃんは米をつくり、ほかにもさまざまな野菜をつくっていました。なすびをつくったり、人参、トマト、きゅうりなど、自分たちで食べるので、農薬も使わずにつくっていました。

ばあちゃんが畑に入っている姿は、いまでも目に浮かびます。

小さい身体で腰をかがめて、たくさんの野菜を収穫していました。

売り物ではありませんから、デコボコだったり、へこんでいたりします。

近所の人が来たら、その野菜をよくあげていました。

「なすびがぎょうさん採れたけえ、持って帰ってくだしゃあ」

と、ばあちゃんは何のためらいもなく、当然のように**必ず一番形のいいものから順に選**

んで、その人に持って帰らせるんです。

僕は驚きもしません。それがばあちゃんにとって当たり前のことだったからです。現代の家庭であれば、もしかしたら一番いいのは自分のところに確保しておいて、それ以外のものをほかの人に差し上げる、ということが多いかもしれません。そして、それが悪いこととも思いません。

しかし、ばあちゃんは一番いいものを差し上げることが自分自身の喜びのように、心からの気持ちであげていました。

受け取る人も「きっとこのばあさんは、一番形のええのをくれたんじゃの」というのがわかっている——子どもの僕にもわかる、そんな温かくて優しいやり取りなんです。

ばあちゃんは必ず、「形が悪うて、すみゃんせんの〜」と言いながら渡すのですが、相手の人は一番いいのをもらっているのがわかっている。この、言葉にならない優しさとか思いやり。

相手の方も嬉しそうに「ばあさん、ありがとうの」と頭を下げると、差し上げたほうのばあちゃんもさらにへりくだって、「いやいや、いつも世話になりょうるけえのう」と頭を下げる。

物の交換や、お金での交換ではなく、野菜を通して心が通い合っている様子を見ることは、子どもの僕にとっても幸せを感じる風景でした。これは僕にとって当たり前のような原風景であり、原体験であり、人生の大切な一部です。

ばあちゃんからは「見返り」なんて言葉も空気も、1ミリも感じたことがありません。ただただ、「ありがたい」という思いのみが、あっただけです。本当の人としての心の美しさを、そのあり方を、ばあちゃんは野菜を通して教えてくれました。

ばあちゃんは幸せな、そして本当の意味で豊かな人生を生きたと思います。

それは、見返りを求めない優しさや思いやりを持っていたから。

僕たちも、そんなふうに生きていきたいですね。

POINT 32
温かい心で、相手の気持ちを思いやって生きていこう

人生を豊かに生きるために必要な3つのもの

人生をより豊かに、そして楽しく生きる秘訣として、3つの言葉を挙げたいと思います。
それは、

「可愛げ・愛嬌・茶目《ちゃめ》っ気《け》」

です。

逆に、「仏頂面《ぶっちょうづら》・無愛想・ぶっきらぼう」は、人生の可能性を狭めます。

僕らは生きていくなかで、どうしても、しかめっ面になったり、眉間にシワが寄ったりしてしまうことがあります。

でも、たとえば子どもを見ても、お年寄りを見ても、男性を見ても、女性を見ても、愛される人というのは「可愛げ・愛嬌・茶目っ気」がある人ではないでしょうか。

僕は、ばあちゃんから、このことをずっと教えられました。

「慎吾、可愛げがないといけんど。人に会《お》うたらニコッとして、

「笑顔で声掛けたげえよ。愛嬌があるだけで、かわいがられるんじゃけえの」

子どものころから、ばあちゃんはいつも繰り返し、言っていました。

そして、それによっていろいろな経験させてもらえました。

僕には予備校時代、毎日通ったパン屋さんがありました。そのパン屋さんは路面店で、店番のおばちゃんはずっと外で、ひとりでパンを販売していました。

僕が、そこにパンを買いに行って、**「おばちゃん、今日も買いに来たよ」**とか**「おばちゃん、今日は暑かったじゃろう」**などと声を掛けると、おばちゃんはすごく嬉しそうな笑顔で喜んでくれるんです。

ある日、こんなことがありました。

僕はパンを1個買っただけなのに、袋を開けると、2個入っている。

袋のふくらみがパン1個分より大きいことに気づいて、「あれ？　おばちゃん……」と言おうとすると、口にシーッとする仕草で「いいから、いいから」と、内緒で2個入れて

くれたことを気づかせてくれました。

僕はおばちゃんの気持ちが嬉しくて、快《こころよ》く2個のパンをいただきました。

それから、パンを買いに行くたびに、おばちゃんは嬉しそうにパンを多めに入れてくれました。いま思えば、そうすることで、おばちゃん自身の気持ちも満たされていたのかもしれません。

同じように、予備校時代の話です。

予備校の食堂でいつもお昼ごはんを食べていたのですが、僕はそこで働いているおばちゃんに、笑顔で「おばちゃん、今日もありがとう」とか「おばちゃん、元気～」と毎日声をかけて親しくなり、可愛がってもらえるようになりました。

浪人生が食堂で食事をするときに、おばちゃんに笑顔で声をかける。そんな生徒は多くはなかったでしょうから、僕はいつも気にかけてもらい、顔を見るとすぐにお互いに笑顔になるようになっていました。

ある日、僕が大好きな食堂のカツ丼を注文すると、カツが普通より2枚多い。

こそっと小さな声で、僕にだけ聞こえるように、「大盛りにしといたけえ」と教えてくれました。

そう言いながら、食堂のおばちゃんも、すごく嬉しい気持ちになっていることが伝わってきました。もちろん、僕も嬉しい気持ちです。

ばあちゃんが教えてくれた「可愛げ・愛嬌・茶目っ気」が、自然とおばちゃんに伝わったのだと思います。

この「可愛げ・愛嬌・茶目っ気」というのは、人の心の優しさとか温もりを増やしてくれるのです。

つまり、可愛げ・愛嬌・茶目っ気によって、世の中に優しさや笑顔が増えたとすれば、世界に素敵なエネルギーの質量が増えたことになるでしょう。

ちなみに、食堂のおばちゃんの笑顔はハッキリ覚えていますし、パン屋のおばちゃんとはいまでもやり取りがあります。

POINT 33

「可愛げ・愛嬌・茶目っ気」で優しさと温もりを増やそう

ドライな現代社会、「成功失敗」「勝ち負け」「損得」が価値の大きな部分を占めているような気がします。だからこそ、本来の日本的な心の通ったつながりが必要とされていると思います。

ほんのちょっとだけ世の中に「可愛げ・愛嬌・茶目っ気」が増えるような、そういう生き方を一緒にしませんか？

人の幸せを
自分の
喜びにして
生きよう

僕には2人の娘がいます。

これは、長女が13歳になる誕生日のときのエピソードです。

うちの誕生日会ではいつも「プログラム」なるものを手書きでつくって、6歳下の次女が司会をします。

「今日は姉ちゃんの誕生日です。それでは、最初に姉ちゃんのあいさつです」

誕生日会は楽しく始まり、ご飯を食べて、ケーキを食べて、

「それでは姉ちゃんの誕生日会を終わります」

となりました。

そして、そのあとに、司会をやっていた次女が部屋のなかをテクテク歩きながら、独り言を嬉しそうに言いました。

ちなみに、長女はそのときは別の部屋にいました。

僕は次女と同じ部屋にいましたが、確実に僕を意識した様子でもなく、歩きながら完全

に独り言で、こう言ったんです。

「あ〜！　ええ1日じゃった！」

その瞬間、僕は「素敵なことを言ったな〜」と思いました。

たとえば、それが姉ちゃんに対して、「姉ちゃん、ええ1日じゃったね」と言うならわかります。共感と同意を求めているわけですから。

たとえば僕に、「父さん、ええ1日じゃったね」だったらわかります。長女の誕生日のお祝いを僕と共有したということですから。

もちろん長女にとってはいい1日です、誕生日で祝ってもらっています。

そのうえで、姉ちゃんが誕生日で幸せな1日であるということが、自分にとっても「あ〜！　ええ1日じゃった」という言葉に変わったのを聞いたときに、これが本当の優しさだと感じました。

そして、その瞬間に、人生が200％になったと思いました。

なぜ200%になったかというと〝人の幸せを自分の喜びにしたから〟です。

200%、300%というふうにどんどん増えていく自然な想いが、意図せずに口をついて出たというのを見たときに、「あ〜とてもいい言葉であり、いい想いだな」と感じたのです。

そして、その純粋な優しい思いは、娘に限ったことではなく、子ども心を持つ人には誰にでも宿っているのです。

人の幸せを喜びに変えて、200%で生きていきましょう。それが300%、400%と増えていったら、世の中はさらによくなっていくでしょう。

POINT 34

人の幸せを喜ぼう。そして表現しよう

人に優しくすると、自分が嬉しくなる

いまではもう天国にいる僕のばあちゃん。そのばあちゃんの教えが、僕のなかにはいまもたくさん入っています。

ここまでにたくさんエピソードとして登場してもらっていますが、

「慎吾、とにかく人には優しゅうせえよ」

「人に会うたら、笑顔でにこっとするんど」

「愛嬌ようせにゃあいけんど」

「人に会うたら優しい言葉かけたげえよ」

などなど、たくさん教えてくれました。

寒い季節がやってきたときに、ばあちゃんは僕に言いました。

「慎吾、近所でおばあさんらが歩きょうたら、『おばあさん、寒うなったけえ、風邪引かんようにね』ってひと言声かけてあげえよ、それだけでおばあさんは嬉しいんじゃけえの」

素直に「うん」と言った僕は、おそらく小学校の低学年のころだったと思います。

僕はその意味や、そうしたときの相手の反応の想像はつきませんでしたが、ばあちゃんに教えられた通りにやってみました。

あるとき、近所のおばあちゃんが押し車を一生懸命に押しながら歩いていたので、

「おばあちゃん、最近寒なったけえ風邪引かんようにね！」

と、にっこり声をかけると、おばあちゃんは嬉しそうにしてくれました。

そして、そのおばあちゃんは後日、僕の家に来て、僕の母に「慎ちゃんは私の気持ちをわかってくれとる」と言ってくれたそうです。

もちろん、そのおばあちゃんの気持ちをすべて理解したわけではなく、僕のばあちゃんに言われたとおりに言ってみただけです。

でも、

「人はやっぱり優しく親切にしてもらえることが嬉しいんだな、気持ちがあったかくなるんだな」

と、僕も嬉しくなりました。

こんなことを教えてくれたばあちゃんの血は、僕のなかに生きています。

そして、あなたのなかにも同じく、このような「優しさDNA」が入っているはずです。

温かい気持ちで、楽しく人と接していきましょう。

POINT 35

温かい気持ちを持って、人に優しくしよう

「八百万の神」を意識して、物を大切にする

人間は文化的な存在であり、人間が文明を創ってきたことは事実です。そこだけを見つめると、人間が世界を支配しているかのような錯覚に陥ることもあるかもしれませんが、古来の日本には、そのような発想はまったくありませんでした。ほかの動物を人間よりも下位に見ることもなければ、昆虫に対してももちろん、植物など自然に対しても、すべての存在を上位に置いて、崇拝してきたのです。

動物だけが生きているものだと思うかもしれませんが、それは違います。机だとか、椅子だとか、ノートだとか、物質を構成する元素というのは、すべて一緒です。

実際に、僕たち人間は自分のことを独立した「個」の存在として認識しているかもしれませんが、バラバラの原子が、何かしらの意思をもって集合しているだけかもしれません。もしかしたら、あなたは自分のことを「自分」だと感じているに過ぎない。自分とは違う相手と構成要素は、なんら変わらないのです。

自己意識と集合意識が同居して、まさに僕たちがいるかのような集団幻影を見ている世界が「現実」と呼ばれているだけなのです。

人間と構成要素が同じであるとしたら、物にも魂があるというふうに考えることができます。にもかかわらず、僕たちはつい物に当たったり、腹が立ったらコップなんかでもドーンと置いてみたり、机を蹴っ飛ばしてみたりすることがあります。

でも、もとを辿っていけば構成要素が一緒である物。

つまり物を大切にしないということは、自分を傷つけたり、自分を大切にしていないということに直接的につながるのではないでしょうか。

日本人の考えとして、人はもちろん、動物や植物や物のすべてを敬い、大切にする思想があります。

単なる唯物論では、物は「モノ」としか見られないかもしれませんが、それでは一面しか見ていないことになります。

物を、人と接するように、自分をいつくしむように、一つひとつ大事にしていくというのは、結果的に人も自分も大切にしていることになります。

よく「八百万《やおよろず》の神」と言われます。

日本に住んでいる人たちは、自然を神として考えているということであり、古事記にもいろいろな楽しい神が登場します。

この古事記を読んでみるというのも、ひとつのいい方法かもしれません。

自然を上に見る、物を上に見る、そして、すべてに命がある——こう考えて物を大切にしてみるところから、僕たちの人生というのは、必ず変わってくると思います。

人がいるところでも、いないところでも、物に僕たちと同じ魂があるかのようにいたわり、物を大事にしていきましょう。

物を使わせてもらうときには、「ありがとうございます」と言葉にしてみるのもいいでしょう。もしその物とお別れするときには、「ありがとうございました」という気持ちを持って感謝を込めてみるのもいいでしょう。

イライラしたときも物に当たるというのはやめて、物をいたわってみましょう。

人に対してももちろんですが、物に対して自分の感情をぶつけてしまいそうになったと

きには、もしも自分がそのようにされたらどう感じるか、どんな気持ちになるか、ちょっとだけ時間を置いて考えてみてください。

その物が自分だとしたら？　と考えてみるだけで、愛着もわいてきて、いままでと違った思いになるかもしれません。

POINT 36

すべての物に魂があると考え、大切にする

Chapter 7

あなたという ストーリーを、全力で遊ぼう

あなたの人生は壮大な「作品」そのものだ

5歳児くらいまでの子どもは、無邪気で、純粋で、完全に自由な存在です。社会的にも世間的にも、何にも限定されない、制限されない、特定されない世界を自分のなかに持っています。

そして、小学校・中学校・高校と進んでいくうちに、学校のなかにいる自分を意識し始めます。社会人になって会社に入ると、会社のなかの自分を認識します。

人生を学校のなかに置き、会社に置き、社会に置き、そのなかの一員として自分を位置づけていくようになります。

しかし、これをまったく逆さまに考えてみてください。

自分の人生のなかに、学校や会社や社会があり、僕たちはそこに収まっているのではなく、そこで人生を表現している——と捉えるのです。

仕事は僕たちの表現方法のひとつであり、人生という「作品」を表現するフィールドというだけなのです。

有名なレオナルド・ダ・ヴィンチが、あるインタビュアーから、こういう質問をされました。

「ダ・ヴィンチさん、あなたの生涯の最高傑作は何ですか？」

天才芸術家であるダ・ヴィンチには、有名な作品が山のようにあります。

インタビュアーは、どんな答えをくれるのか、かなり期待したはずです。

「モナリザ」か「最後の晩餐」か「ウィトルウィウス的人体図」なのか……はたまた別の作品か？

そこでレオナルド・ダ・ヴィンチは、実際にこう答えました。

「私の人生の最高傑作は、レオナルド・ダ・ヴィンチだ」

つまり、自分の人生そのものが最高傑作であるということです。

人生そのものが作品、そして、どんな作品につくり上げたいかというのは、僕たちが自由に選ぶことができます。ですから、「自分を人生の作品と捉える」という発想を持っていきましょう。

POINT 37

「自分は最高の作品である」という感覚で生きる

まさに僕たちの人生は、ひとつの物語であり、僕たちそのものは作品です。

あなたは、自分自身をどのような作品として、つくり上げたいでしょうか。

どのような作品として、生きていきたいでしょうか。

そのつくり手は、あなた自身です。

ただし、ご安心ください。作品だからといって、「完璧」である必要なんか、まったくありません。ときに失敗したり、やり直したり、ズッコケたり、また歩き始めたり、デコボコでもOKなのです。

それでこそ独自の作品として、味が出てきます。

そして、ときどき休んだり、また集中して作品づくりに没頭したり――これを繰り返していくことで、自分という作品ができあがっていくのです。

「ストーリーを買う」という発想で人生を味付けしよう

僕たちの人生は、ストーリーです。

人生では、いろいろなことが起きて、多くの経験をします。

いいことも悪いことも、すべて含めてストーリーです。


たくさんの波が起きるのが、人生です。

波があるから楽しいのです。ずっと平坦な道のり、盛り上がりがないストーリーではおもしろくありません。


そこでひとつオススメしたいのが、「ストーリーを買う」という考え方です。

ひとつ、印象に残っているエピソードをご紹介します。


ある年の正月に、実家の広島県三原に帰った際のことです。

うちの父親はいつも、僕が帰省すると、お魚を買って振る舞ってくれます。

父親が近所のスーパーに行ったときに、ブリがあったそうです。

1本のブリを見て、**「じゃあ、このブリを買おう」**と、予約しようとしました。

そのブリは８０００円でした。

８０００円のブリを予約して帰ろうとしたときに、ちょっと横を見ると、その８０００円のブリよりも、もっとよさそうに見えるブリがあったそうです。

うちの父親は魚に関しては目利きなので、「じゃあ、こっちのブリにしよう」と思って、その価格を見たら、６８００円だったとのこと。

さきほどのよりも質のいいブリで、なおかつ１２００円も安いということで、その６８００円のブリを予約して帰りました。

そして、いざ引き取りに行ったときに、お金を払おうとしたら……、

６８００円ではなくて、６万８０００円でした！

父は、ゼロをひとつ見落としていたんですね。

父は人がいいので、断るに断れず、６万８０００円を払い、買って帰りました。

それは有名な、富山のブランド「氷見のブリ」でした。

いざ、買って帰って、

「6万8000円だったど！　どうじゃい！」

ということで、話をして、家族でえらく盛り上がりました。

この「氷見ブリ」のエピソードはひとつの例ですが、いまこうして本に書いてあなたにお届けできているということは、父親が僕に「素敵なストーリーを買ってくれた」ということになります。

あなたのなかでも、幼少のころにご家族に不幸があったとか、事業で失敗したとか、さまざまな波のある経験があったとします。

たしかに、そのときはつらいでしょう。

でも、それは**「人生におけるストーリーを買ったんだな」**というふうに思えば、捉え方も、考え方も、意味合いも違ってきたりします。

いままさに、つらい状態だとしたら、「ストーリー購入中」だと考えてみてください。イメージで言うと、雨が降っていて傘をさしているような状態です。つらい状態から抜けたとしたら「ストーリー購入済み」と捉えてみてください。雨が上がって、傘をたたんだ状態です。

もちろん、ストーリーはつらいことだけではありません。うまくいったこと、感動したこと、嬉しかったこと、おもしろかったこと、驚いたこと、悲しかったこと、痛かったこと、などいろいろあります。

しかも、状況は家族、学校、会社、ひとりのときなど、さまざまあります。さらに、複数のストーリーを同時に購入中ということもあるでしょう。

大きなストーリーを買った人ほど、たくさんの共感が集まり、大きなストーリーを語る

ことができます。

たくさんのストーリーがあり、人生の波が大きいほど、人生そのものは豊かになっていくでしょう。

あなたはいま、どんなストーリーを購入中ですか？
そして、どんなストーリーを購入済みですか？
「ストーリーを買う」という発想で、人生を楽しんでいきましょう。

POINT 38

ストーリーは買おう

地球という遊園地「地球ランド」で、思いきり遊ぶ感覚を持つ

あなたは何度も、遊園地やテーマパークに遊びに行ったことがあると思います。

子どもはもちろん、大人になっても、遊園地での夢の時間はワクワクが満載です。

遊園地に行くことが決まってからというもの、その日が来るのが待ち遠しく、カウントダウンをして過ごしましたよね。当日が来たら朝一番で開園を待ち、どのアトラクションから行こうか計画するだけでも楽しく、開園したら夢のような非日常を味わいます。

ほぼすべてのアトラクションを体験し、クタクタになりながらも、「楽しかった！ **また来ようね！**」と、遊園地をあとにします。


でもここで、僕たちが忘れてしまっている事実があります。

それは、僕たちはいまこの瞬間、すでに遊園地にいるということです。

そう、「地球」という遊園地です。言ってみればそれは「地球ランド」です。

「遊園地で実際に遊んでいるのと、地球が遊園地だというのは、ぜんぜん違いますよ！」

こんな声が聞こえてきそうです。

でもよく考えてみてください。

遊園地にはジェットコースター、メリーゴーラウンド、コーヒーカップ、観覧車、お化け屋敷、ゴーカート、迷路遊び、フリーフォールなど、めくるめく夢のような時間を楽しめるアトラクションがあります。

では、「地球ランド」にはアトラクションはないのでしょうか？　いえ、あります。

僕たちの人生における「体験」こそが、アトラクションなのです。

生まれてから、転んだり、歩いたり、友だちができたり、ケンカしたり、スポーツをしたり、釣りに行ったり、買い物に行ったり、怪我をしたり、学校に入ったり、仕事を始めたりします。それらの「体験」こそがアトラクションです。

地球という遊園地では、喜んだり、悲しんだり、ビックリしたり、怖い経験をしたり、楽しんだり、道を見失う時期があったり、落ち込んだりします。いいことばかりではありません。

でも遊園地だって、お金を払ってまで、お化け屋敷に入って「怖い〜!」と悲鳴をあげたり、ジェットコースターに乗って「助けて〜!」と叫んでいます。

いい体験も怖い体験も両方ある。地球も遊園地も一緒なんです。


そして、遊園地であれば、開園時間と閉園時間があります。

では、「地球ランド」での開園と閉園はどうでしょうか。

そう、開園は生まれたとき、閉園は亡くなるときです。

こう考えれば、僕たちはこの地球という遊園地で遊ぶために、魂の乗り物である身体を大切にしなければなりません。

「地球ランド」の閉園時間は人によってそれぞれですが、さまざまなアトラクションに乗って、いろいろな経験をして、この地球という遊園地を思いきり遊びましょう。

POINT 39

さまざまな体験を、アトラクションのように楽しもう

勉強ができなくたって、
ドッジボールが
得意でカッコいい
子もいる

小学生のころ、休み時間にもっともテンションが上がるのは、校庭でドッジボールをして遊んでいるときでした。適当に2チームに分かれて、はしゃぎまくって遊ぶのが最高でした。

そのなかで、僕の友だちで、たくちゃんという男の子がいました。

たくちゃんは当時、それほど勉強が得意ではなく、性格もおとなしいタイプでした。ところが、ドッジボールになると、サイドスローでものすごいボールを投げ、才能を発揮するんです。

サイドスローで放たれたボールは独特の変化をするので、いつも威張っているガキ大将なんかも、たくちゃんのボールにはやられていて、スカッとしたものです。

同じチームなら最強の仲間で心強く、相手チームにいたら寡黙なサイドスロー・スナイパーでした。たくちゃんが敵のときは、僕も逃げ回っていました。

そんな最高のパフォーマンスをするたくちゃんを見て、「**たくちゃん、**カッコいいな～」と思っていました。ドッジボールのときも決して騒ぎ立てたりせず、寡黙に輝きを放っていました。

ところが授業になると、「たくちゃんは勉強が得意ではない」というふうに判断されてしまいます。

ドッジボールのときはチームで協力するのに、勉強やテストになると協力してはいけない、そんな状況に僕は強い違和感を覚えていました。

ドッジボールでは輝くたくちゃん、勉強はそうでもない。

「どっちが本当は価値があるんだろう」と思ったときに、僕のなかで、ドッジボールのたくちゃんのほうが価値があると思っていたんです。

ところが、時間の経過とともに、学校内では「勉強が一番大事」というふうに一元化されていくような気がしてきました。

おとなしくて勉強ができるほうが、おとなしくてドッジボールがうまいたくちゃんよりも優れているという、なんだか笑えない気分でした。

休み時間にする子どものドッジボールなんて単なる遊びでしょ？　と思われるかもしれ

ませんが、だからこそ純粋な子ども心で、たくちゃんにカッコよさを感じていたんです。

もちろん、これはどちらかがいいとか悪いということではありません。

ただ、どちらも価値があるということです。僕は、勉強が苦手でも、ドッジボールを全力で楽しんでいるたくちゃんをカッコいいと思ったんです。

いまも、たくちゃんのサイドスローは僕のなかで最高の輝きを放っていて、ちょっとはにかみながらも、得意げに嬉しそうにする彼の表情が目に浮かびます。

人生、真面目に生きるほどヒマじゃありません。競争するのではなく、思いっきりドッジボールをするような感覚で、楽しんでいきましょう。

POINT 40

価値はひとつではない。たくさんの素敵な価値が存在する

天敵キャラが現れたら、人生がいい方向に進むサイン

すべての人と素晴らしい関係が築ければベストですが、残念。全員が全員と仲よくなれるわけでもなければ、全員が全員を好きになれるわけでもありません。

こちらが好きでも、あちらが嫌ってくる場合もあります。

きっと誰もが経験していることでしょう。

ときには自分にとって、最強の「天敵」のような人が現れることもあります。

ボスキャラタイプ、ジメジメといじめてくるタイプ、どうやっても反りが合わないタイプ……などなど、色とりどりのパターンの天敵を、人生は用意してくれます。

学校だろうと、会社勤めだろうと、事業をしようと、ママ友だろうと、天敵キャラの人は、なぜかしっかり登場してくれるものです。

そんなときに僕たちは、

「あの人がいなければ、もっと楽しいのに」
「この人が、私の人生に立ちはだかって邪魔をしている」
「なんで私がこんな思いをしないといけないんだろう」

などと感じてしまいます。

そんなときにひとつ、僕が実践している考え方があります。

「天敵キャラが現れたら、大きなサインだと思う」ということです。

新しい何かを認識する、もしくは何かを大きく変える機会を与えられたサインだと捉えるのです。つまり、自分自身の人生を客観視して、新たに自分の人生をスタートする機会になることが多いきっかけなのです。

かくいう僕にも、天敵キャラとの出会いは何度もありました。

本当に世の中にはいろいろな人がいますから、どうやっても合わない人、嫌味ばかり言う人、あからさまに態度に出る人など……しかし、天敵キャラが強烈であれば強烈であるほど、その後の人生を変える機会となっています。

会社を辞めたことで大きく人生が変化したり、すごく苦しいインパクトがあるような出来事があったことで新しい発想が生まれたりするのと一緒で、天敵のおかげで素晴らしい

環境に出会えるようなことも多々ありました。

ですので、いまでは心から「本当にありがたかったな」と思えますし、天敵らしき人のおかげで、いまがあると思います。

逆に、その天敵たちがいなかったらと考えると、ゾッとするくらいです。

ですから、あなたも天敵に感謝してみてください。

ただし、その人の人格に感謝する必要はありません。あくまで新しい環境に踏み出すきっかけをつくってくれたことに対して、感謝をするのです。

不思議なもので、こう考えていくと、天敵キャラがいないことのほうが人生にとってマイナスな気がしてきますし、いてくれたほうがいいような気がしますよね。

POINT 41

天敵との出会いを、喜ぼう

人生はすべて、一瞬のシャレである

いつも思うことがあります。僕たちの人生は〝うたかたの夢〟のようなもの、一瞬のシャレみたいなものだということです。

人生に起こることは、すべてシャレ。最高に楽しいことも、果てしなく悲しいことも、すべてシャレだと考えてみると、人生には新しい輝きが生まれます。


僕の弟は、生まれて3日で他界しました。

でも、僕は「弟の分まで生きよう！」なんて思いません。

なぜなら、弟は与えられた3日間を、最高に輝いて生き抜いたと思っているからです。

「十月十日も母親のお腹にいて、やっと出てきたのに、3日であっちの世界に戻るなんて、どんだけシャレがきいているんだよ！」と、思ってあげるようにしています。

もしも、僕が悲しみに暮れ続けていたら、天国から、

「兄ちゃん、その深刻さ加減はシャレがきいてないよ！　ええかげんにしてくれ！　俺はじゅうぶん生きた！」

と怒られそうな気がするんです。だからこそ心から、「弟の人生は思いっきり最高のシャレがきいた、お洒落な人生だったよね」と思っています。

あなたにもこれから、ものすごく楽しく、嬉しく、幸せなことがあるでしょう。それは最高のシャレがきいていると捉えて、笑いましょう。

悲しいことや、つらいことがあったとしても、深刻に捉える必要はありません。それもまた切ないシャレがきいているね、と楽しんでしまいましょう。

ビジネスもシャレ、人間関係もシャレ、人生はすべてシャレです。

あなたは、どんなシャレをきかせた人生を生きますか？

POINT 42

最高に「シャレ」のきいた人生を楽しもう！

人生、
真面目に生きるほど
ヒマじゃない。

最後までお読みいただき、ありがとうございました。

本書を通して、あなたにとっての小さな気づきでも、新しいきっかけでも、今後の人生が温かくなる何かがあったとしたら、著者としてこれほど嬉しいことはありません。


人生には、楽しいことや心躍ることがたくさんあります。

同時に、不条理や不合理なこともあふれています。

それも含めて、人生は素敵で、はかなく、素晴らしく、切ない経験の連続です。

そして、すべてひっくるめて、人生はシャレのきいたコントのような体験なのです。

だからこそ、「人生、真面目に生きるほどヒマじゃない」という感覚で、さまざまな感情を味わいながら人生を送りましょう。見える景色が変わってくるはずです。

この本が生まれたのは、本当にたくさんの方のおかげです。

家族、天国の人、友だちなど、数えきれない人たちの顔が浮かびますが、あえてここでは特定の個人を挙げず、いままで出会ってくれたすべての人、そして、これから出会う人すべての人に対して、御礼を申し上げます。


いろいろなことが起きるのが人生です。

視界良好に感じるときもあれば、行き詰まりを感じるときもあるでしょう。

そして、そんなときこそ、この本を何気なく開いてみてください。

なぜなら、人生の変化のときに、実際に僕が軸にしてきた指針や考え方や発想をまとめたのが本書だからです。


そして、僕のなかでのこの本のもうひとつの目的は、ばあちゃんたちの世代から僕たちの世代を超えて、次の子どもたちの世代への羅針盤として継承することです。

思いやりがあり、相手の気持ちをくみ取る、日本の情緒を引き継ぐためでもあります。

そのためにはまず僕たち大人が、人生という最高のシャレを、でっかい笑顔で楽しんでいきましょう。大人が楽しそうに生活していることが、子どもにとっての一番の教育になるのですから。

あなたの人生が、優しく、楽しく、明るく、温かく、素敵な音色で包まれますように。

最後にひと言。

人生、真面目に生きるほどヒマじゃない！

大塚慎吾

著者略歴

大塚慎吾（おおつか・しんご）

「真の健康100万人プロジェクト®」プロジェクトリーダー。株式会社バランスチームジャパン代表取締役。1971年、広島県三原市生まれ。幼少期に産みの母の死により、7人もの祖父母がいるという環境で育ち、多くの愛情を受けながら、さまざまな角度から人生を感じるようになる。中央大学を卒業後に就職するも、すぐに起業して失敗。広島に連れ戻され、地元企業に就職。数年後に再度起業して、「真の健康100万人プロジェクト®」において、「真の健康で世界を楽しく明るく」というビジョンをもとに、日本中はもちろん、世界でもビジネスを展開している。「人生、真面目に生きるほどヒマじゃない」のYouTube動画でも多くの人を笑いに巻き込み、「真面目にフザケる」をモットーに、世界を笑顔にすることに大きな喜びを感じ、全国で講演会などもおこなっている。著書の原点となった「大塚慎吾の365日動画メルマガ」も無料で提供しており、「タメになるし、おもしろい」と人気を集めている。「人生、真面目に生きるほどヒマじゃない」は、本人の座右の銘でもある。

大塚慎吾 特設サイト
https://otsuka-shingo.com/special/

人生、真面目に生きるほどヒマじゃない。
—自由であり続けるための42の言葉

2019年11月1日　第1刷発行

著　者　　大塚慎吾

発行人　　櫻井秀勲
発行所　　きずな出版
東京都新宿区白銀町1-13　〒162-0816
電話03-3260-0391　振替00160-2-633551
http://www.kizuna-pub.jp/

協力　　合同会社DreamMaker
ブックデザイン　池上幸一
本文イラスト　神林美生
印刷・製本　　モリモト印刷

ISBN978-4-86663-089-2

きずな出版

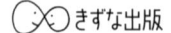